U0840846

Zhongguo Wenhua
Zhishi Duben

中国文化知识读本

中国岩画

主编 金开诚
编著 孙凌晨

吉林出版集团有限责任公司
吉林文史出版社

图书在版编目（CIP）数据

中国岩画 / 孙凌晨编著. -- 长春 :
吉林出版集团有限责任公司 : 吉林文史出版社, 2009.12 (2023.4重印)
(中国文化知识读本)
ISBN 978-7-5463-1581-2

Ⅰ. ①中… Ⅱ. ①孙… Ⅲ. ①崖画－简介－中国
Ⅳ. ①K879.42

中国版本图书馆CIP数据核字(2009)第236868号

中国岩画

ZHONGGUO YANHUA

主编/ 金开诚 编著/孙凌晨
项目负责/崔博华 责任编辑/曹 恒 崔博华
责任校对/梁丹丹 装帧设计/曹 恒
出版发行/吉林出版集团有限责任公司 吉林文史出版社
地址/长春市福祉大路5788号 邮编/130000
印刷/天津市天玺印务有限公司
版次/2009年12月第1版 印次/2023年4月第4次印刷
开本/660mm×915mm 1/16
印张/8 字数/30千
书号/ISBN 978-7-5463-1581-2
定价/34.80元

前言

文化是一种社会现象，是人类物质文明和精神文明有机融合的产物；同时又是一种历史现象，是社会的历史沉积。当今世界，随着经济全球化进程的加快，人们也越来越重视本民族的文化。我们只有加强对本民族文化的继承和创新，才能更好地弘扬民族精神，增强民族凝聚力。历史经验告诉我们，任何一个民族要想屹立于世界民族之林，必须具有自尊、自信、自强的民族意识。文化是维系一个民族生存和发展的强大动力。一个民族的存在依赖文化，文化的解体就是一个民族的消亡。

随着我国综合国力的日益强大，广大民众对重塑民族自尊心和自豪感的愿望日益迫切。作为民族大家庭中的一员，将源远流长、博大精深的中国文化继承并传播给广大群众，特别是青年一代，是我们出版人义不容辞的责任。

本套丛书是由吉林文史出版社和吉林出版集团有限责任公司组织国内知名专家学者编写的一套旨在传播中华五千年优秀传统文化，提高全民文化修养的大型知识读本。该书在深入挖掘和整理中华优秀传统文化成果的同时，结合社会发展，注入了时代精神。书中优美生动的文字、简明通俗的语言、图文并茂的形式，把中国文化中的物态文化、制度文化、行为文化、精神文化等知识要点全面展示给读者。点点滴滴的文化知识仿佛颗颗繁星，组成了灿烂辉煌的中国文化的天穹。

希望本书能为弘扬中华五千年优秀传统文化、增强各民族团结、构建社会主义和谐社会尽一份绵薄之力，也坚信我们的中华民族一定能够早日实现伟大复兴！

目录

一、岩画的起源

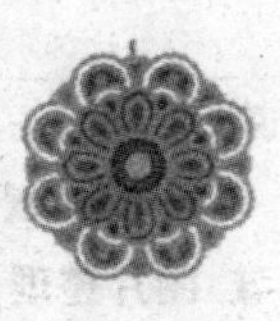

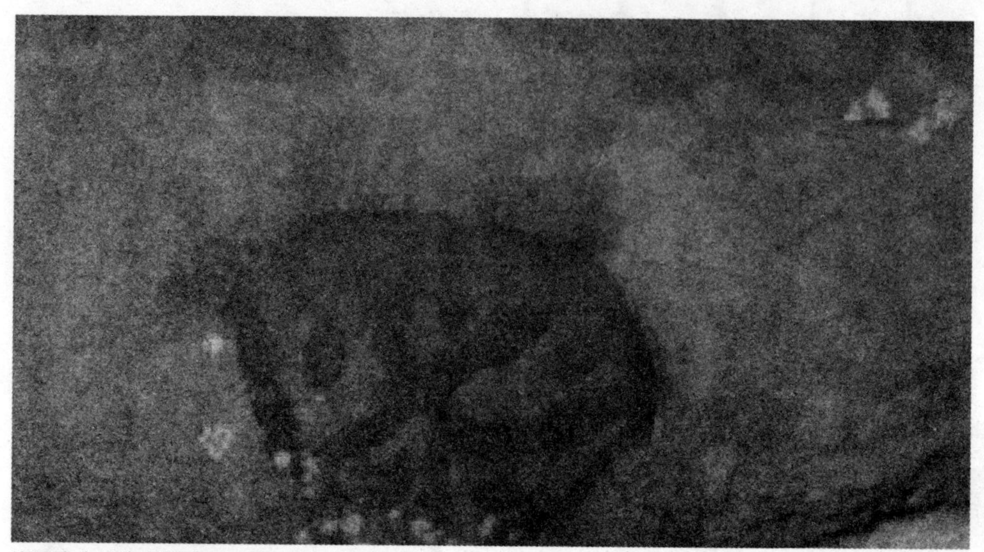

岩画产生的物质基础是原始社会的生产力

史前岩画是原始社会生产力、生产关系、早期审美意识、原始思维与原始宗教的综合反映。一定社会条件下的生产力、经济基础和人们的社会实践活动，最终决定了当时的艺术作品和相关的美学思想，这对于史前岩画艺术和人类的早期审美活动来说，也不例外。

（一）原始社会的生产力

原始岩画产生的物质基础是原始社会的生产力。众所周知，原始文化产生的源泉是原始社会的社会生活，在原始社会生活中，最根本的是原始社会的生产力状况和经济发展水平。原始社会的生产力状况与原始艺术的发生和发展有着极为密切的关系。原始社会生产力水平低下，人们所从事的社会生产也十分有限，在从事艺术创作活动的过程中无论是题材还是形式，都受到当时生产力水平的制约，然而也正是由于这样一种特定的生产力状况，才产生了这一时期特定的艺术内容和特殊的艺术风格。原始社会极其低下的生产力（以打制石器、磨制石器工具为主）、生产关系（原始公有制），极其艰苦恶劣的自然生存环境和原始的以狩猎为主、采集为辅的经济基础，决定了史前初民绘画工具的简陋低下。画笔为尖石器或木炭，颜料为天然的赤铁矿石粉或氧化锰矿石粉与动

打制石器

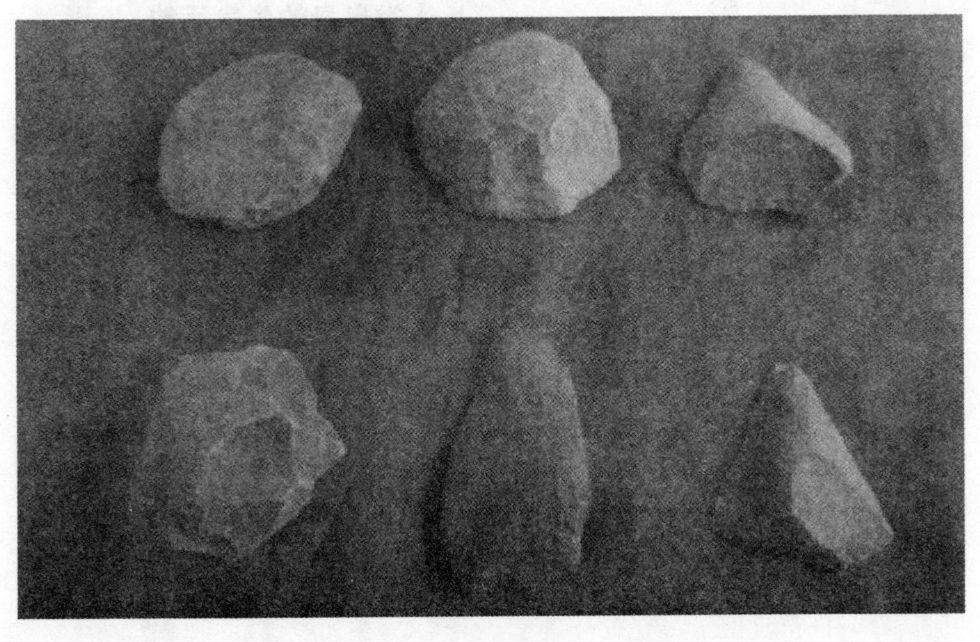

原始岩画内容简单朴素

物油脂、动物血的混合物，并用动物的空心骨制成喷涂颜料用的吹管（相当于现代的喷笔、喷枪）。生产力的低下也同样决定了绘画载体的简单实用，没有纸和画布，就只好表现在洞穴岩壁与露天岩壁这类天然的载体上。由于受艺术技法的限制，原始岩画表现手法趋向简单朴素，多凭记忆作画，不使用透视法，故描绘的动物、人物多为剪影式的侧面像，形成了一种独特的自然原生态的整体风格，并出现了很多生动质朴的优秀作品。例如我国云南沧源岩画，是用木炭、尖锐的石器，配以红、黑、褐等天然矿物质颜料，刻绘在岩洞内壁或露天岩壁上的。

（二）人类自身的生命活动

原始岩画发生的总根源就是人类自身的生命活动。从宏观上去审视，原始初民生命活动最重要的两方面就是求生存与求繁衍。当初民同自然斗争时，往往希望用自己特有的想象能力去征服自然，以获得生存的勇气和力量，此时初民的生存欲望以及生产、生活活动就可能成为某些艺术门类产生的直接动因；当原始初民惊异地发现自身具有创造生命的伟大能量时，那种祈求生命繁衍的强

留在岩石上的大量符号表达了原始先民祈求神秘力量保护的愿望

烈欲望就成为原始雕刻以及绘画、舞蹈等艺术门类发生的深刻动因；当初民在艰险的困境中无以自拔、无法生存、无法繁衍时，那种祈求神秘的自然力量为之袪灾除难、繁衍生命的愿望，就成为巫术歌舞仪式以及图腾崇拜仪式中艺术因素发生的基本动因。总而言之，在促使原始艺术发生的众多因素中，人类的生命活动无疑是最根本的。生命虽然首先是“种”的生存与繁衍，但是作为“类”的存在物，人的生命活动又绝不仅仅是以自然本能的需要为旨归，它更是“类”的生命活动，即社会性的生命活动。岩画作为初民原始生命意识的显现形式，其创作本身已蕴

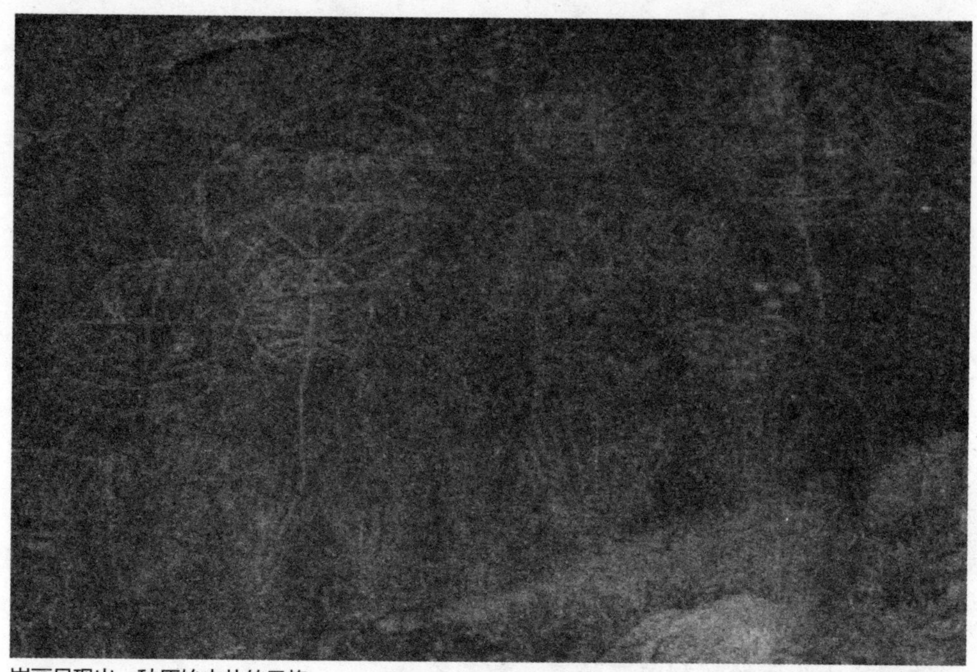
岩画呈现出一种原始古朴的风格

含了社会主体意识的因子，生殖现象不仅关系到个人的生存，更关系到社会群体的存在和延续。因此，岩画实际上就是初民集体情感活动的表象。

（三）初民审美意识的萌生

初民审美意识的萌生对原始岩画的发展有促进作用。普列汉诺夫在《论艺术》一书中曾说过："人最初是从功利观点来观察事物和现象，只是后来才站到审美的观点上来看待它们。"低下的生产力和原始的生产活动、社会实践，以及原始人类所具有的原始思维的感性直解性，使处于人类童年时期的初民对世界充

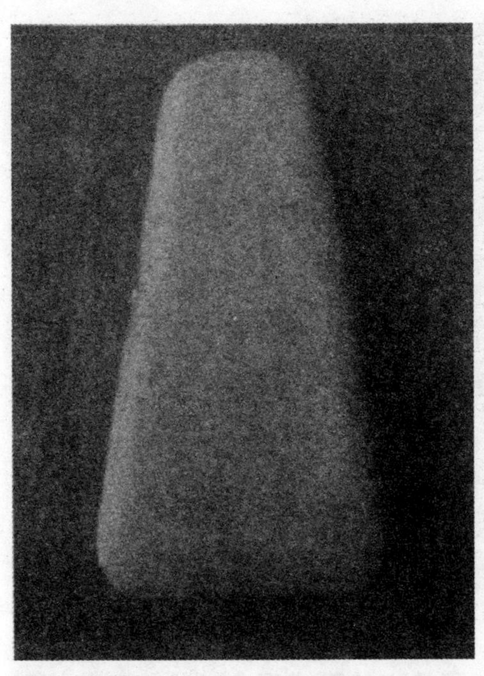

打磨得十分光滑的石器

满了种种虚幻、神秘的猜测以及对大自然的崇仰心理，这种虔诚的崇仰心理状态，混杂着初民早期萌芽状态的审美意识和审美观念。这种萌芽状态下的早期审美意识和审美观念，源于人类在漫长的生产实践过程中对石、骨制器物外形的千万次推敲和狩猎生活中对动物的视觉印记。在对石器、骨器的长达几十、几百万年的外形加工中，器物外形的尖、薄、光滑以及三角形、圆形、球形、锥形等式样，不仅为初民所熟悉，并比较稳定地储存、积蓄在头脑中，通过一代一代人的积淀，更加丰富地继承

骨制工艺品

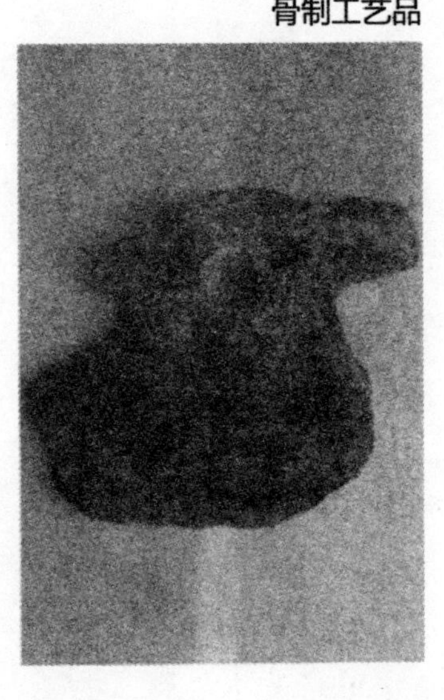

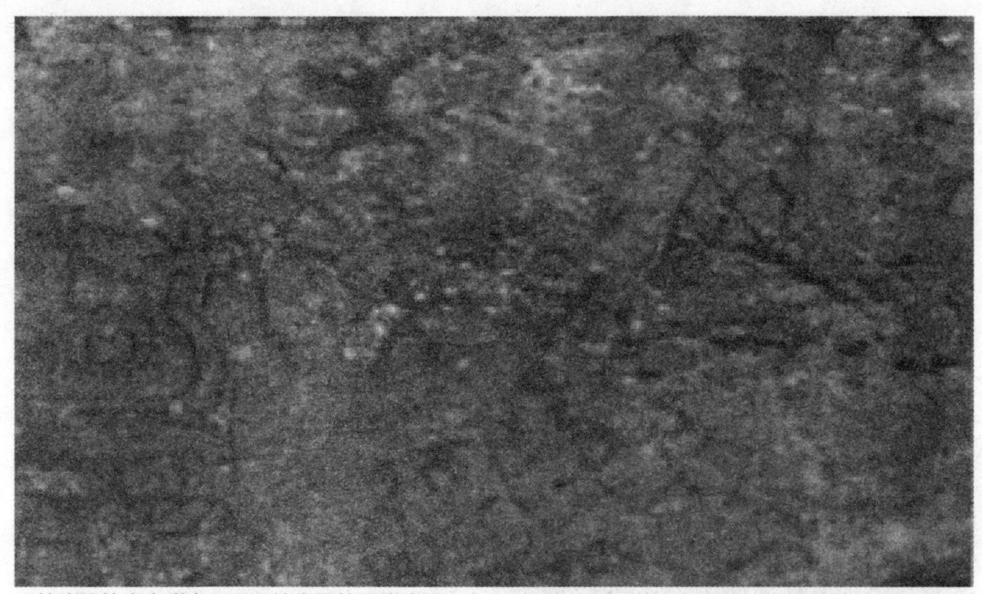

原始岩画的内容脱离不了原始先民的日常生活

下来，形成了最初的形式观念。起初审美的形式观念是和实用性紧密交织在一起的，史前岩画也伴随着或多或少的功利性，只有当出现某种完全失去实用性意义的器物，艺术的审美才可能独立突显出来，因此原始工具的外形培养了初民的形式观念，对以后包括原始岩画在内的造型艺术产生了形式观念上的影响。此外在惊险、紧张、刺激的狩猎活动中，无数次地面对奔跑着的动物生动优美的形象，给了原始艺术家们强烈的印象与记忆。当人们为了某种巫术目的去模仿动物形象时，由于是凭记忆作画，无形中对描绘对象非本质特征部分采取了扬弃，突出夸张了它们的本质特点，因此培养、

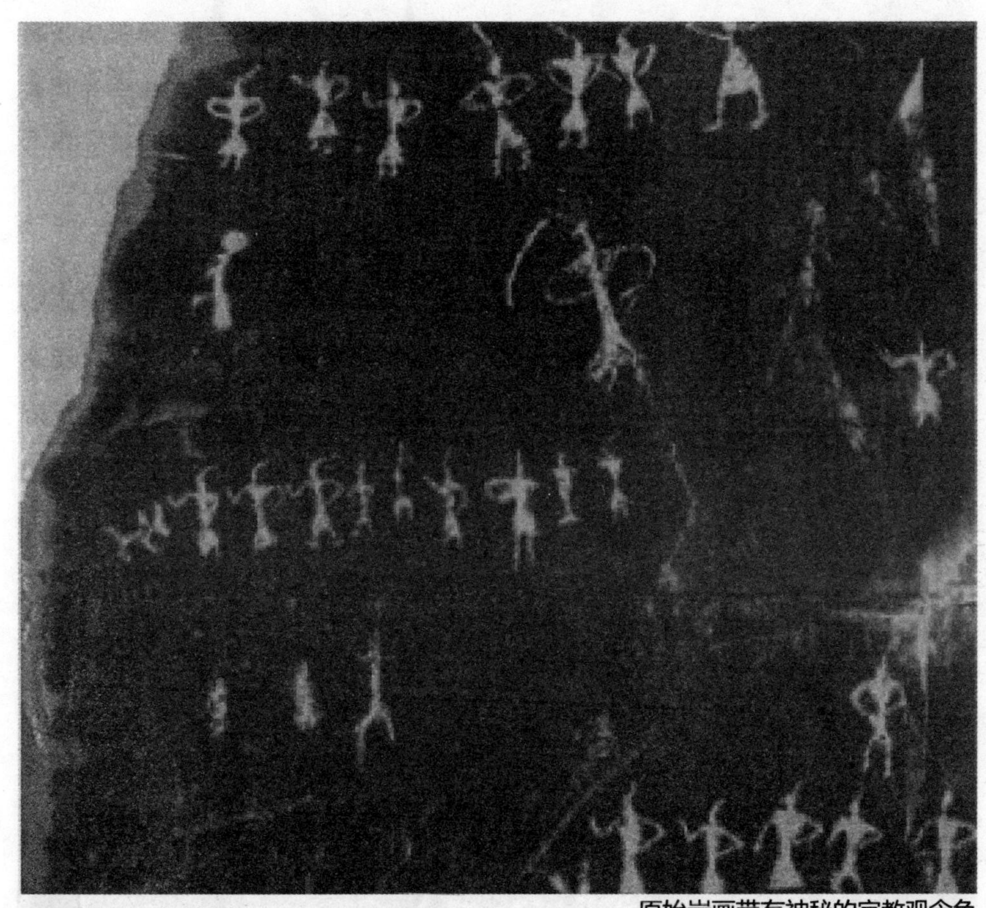

原始岩画带有神秘的宗教观念色彩

锻炼了原始初民的形象概括能力。但这种早期的审美观念并不像我们今天的审美观念那么纯粹、完善，而是紧密地和当时有限的科学认识、原始宗教观念以及功利目的交织在一起，甚至带有一种接近天真的童心和浪漫主义的诗情。简练而强烈的线条，主观概括和略带夸张的稚拙造型，古朴、大胆的色彩共同构成了史前岩画的神秘美感，在神秘的审美氛围中蕴含着原始的生命冲力。可以说，处于萌芽状态的早期审美意识曾经深深影响过史前岩画的形式美与造型。

（四）原始的思维方式

原始的思维方式决定了原始岩画的表现形式。无论是原始艺术的产生，还是原始宗教的出现，都取决于原始初民的思维方式。当代西方的理论家们都极为重视对原始思维方式的研究，他们一般都会把原始思维视为诗性思维。维柯说：“诗性的智慧，这种异教世界的最初的智慧，一开始就要用的玄学就不是现在学者们所用的那种理性抽象的玄学，而是一种感觉到的想象出的玄学，像这些原

原始先民用简练的线条勾勒出一幅幅造型古朴的图画

始人所用的。”原始思维出现于前语言、前逻辑的文化环境中，思维过程没有概念系统和逻辑体系的束缚，它完全建立在原始人类旺盛的生命感受力和幻想力的基础上，通过某种直观表象去领悟或暗示其他的意义，故称之为诗性思维或原始象征思维。万物有灵观念使原始人类认为天地万物都是相互联系的，他们在岩画创制过程中特别注重对这种神秘联系力量的表达，由此使原始岩画更接近人类的现实生活和生命本质。正是这样的原始象征思维，使原始岩画充满诗性，因此，现代艺术家对原始象征思维多有向往之情。处在人类童年时期的史前初民，对象在他们

牛首山原始岩画

原始岩画上绘有牛、马等与生产生活紧密相关的动物形象

心灵中激起的印象就是它的形象、规定性状，认知主体往往无视事物间的差别与距离，使不同事物相互比附、相互作用、生命互渗而得到心神感应。在互渗的思维中，肖像包含着原型所具有的属性和生命，譬如原始初民制作岩画时刻画出的牛的形象，他们认为它是有灵魂的，正如费尔巴哈描述的那样："他把一个自然对象在他身上所激起的那些感觉，直接看成了对象本身的性态。"这就造成了他们观念中的心物互渗、主客互渗，以至于当他们对许多自然现象无法解释并感到敬畏时，会产生崇仰心理，从而产生了诸如拜物教、

图腾崇拜、巫术等原始宗教。

（五）原始的宗教观念

原始先民信仰万物有灵的原始宗教

原始宗教观念是原始岩画产生的直接动力。在人类的童年期，原始文化的发生与发展，其动因俱出自原始的宗教。作为宗教的哲学基础乃是万物有灵思想，这种意识本是原始思维对时时压迫着原始初民的自然力的曲折反映。原始宗教是一个内涵非常庞杂而含糊的概念，它包含了巫术、图腾崇拜、拜物教、自然力化身观念和万物有灵观念等内容，以上这些都可以从史前岩画中看到它们的影响。面对当时无法抗拒的各种自然灾害、疾病与死亡，原始初民尚无认知推理能力，他们凭借敏锐的感觉和生动的想象力，把自然人格化，建构出神灵的世界。实际上，神灵的创造就是一种象征思维，象征着原始人类面对的肆虐的自然力；象征着他们对灾难的畏惧；象征着他们对生存的期望。于是，他们又象征性地去沟通人和神的世界，创造了巫术。弗雷泽在《金枝》一书中曾把巫术与图腾看做一种渐进的过程，认为原始宗教乃由巫术到图腾发展，最后才有宗教的诞

原始人像岩画

生。在人类文化的低级阶段，巫术在初民精神中占有重要地位，生存之事无论巨细，或占卜、或圆梦、或祈神、或送鬼、或求雨、或慰安亡灵……都要求助于巫术。作为人类最早的造型艺术之一的岩画，其中有很大一部分就是巫术仪式的产物。在原始初民的意识里，生产活动及生活中的一切都必须遵从神的意志，例如在整个狩猎活动中贯穿巫术仪式，甚至认为巫术重于实际的猎取，想通过巫术来获得神赋予的魔力。

二、岩画的发现

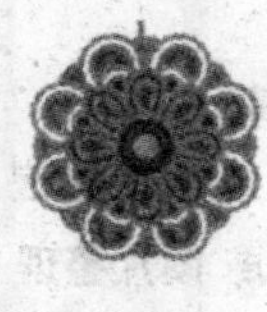

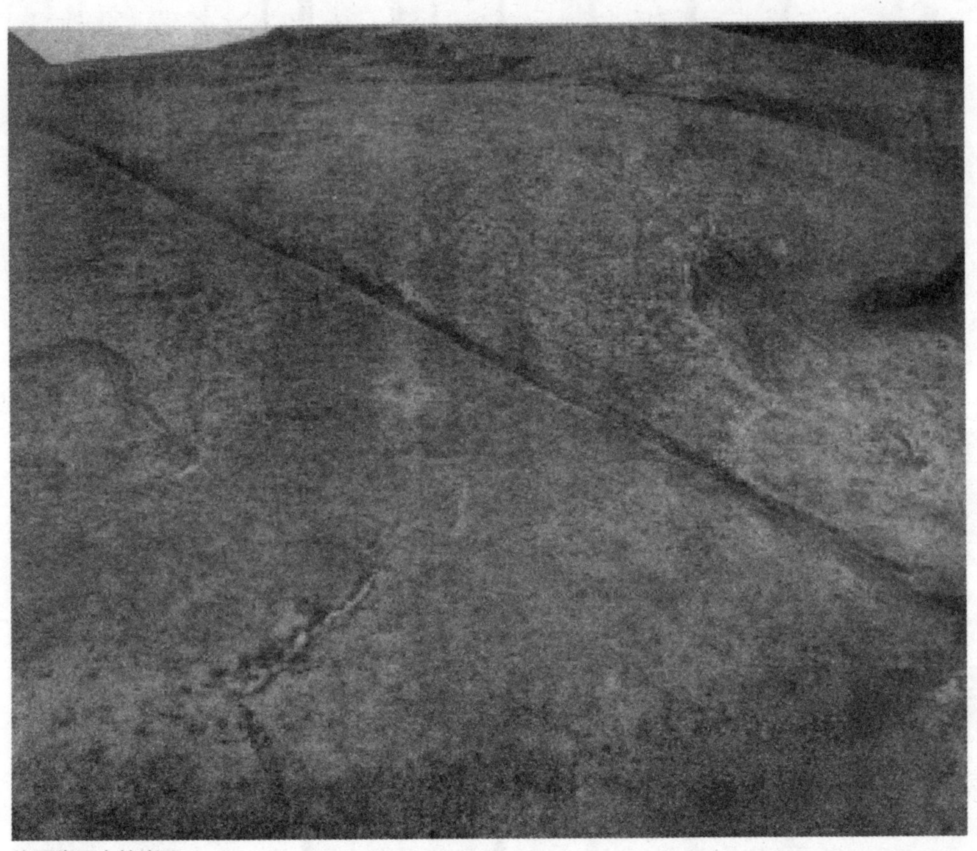

将军崖巨大的岩石

生活在我国北方草原的各族先民，早在三万年前的荒古时代就开始用图画语言记录事件、表达心声、交流感情，并在长期作画创作实践中，通过对岩画题材、形象、色彩的选择和艺术构思，培养了他们的艺术素质和审美情趣。

当前岩画正在以它全球性的宽度和历史性的深度，成为世界性的研究课题。中国是世界上岩画最丰富的国家之一，同时也是世

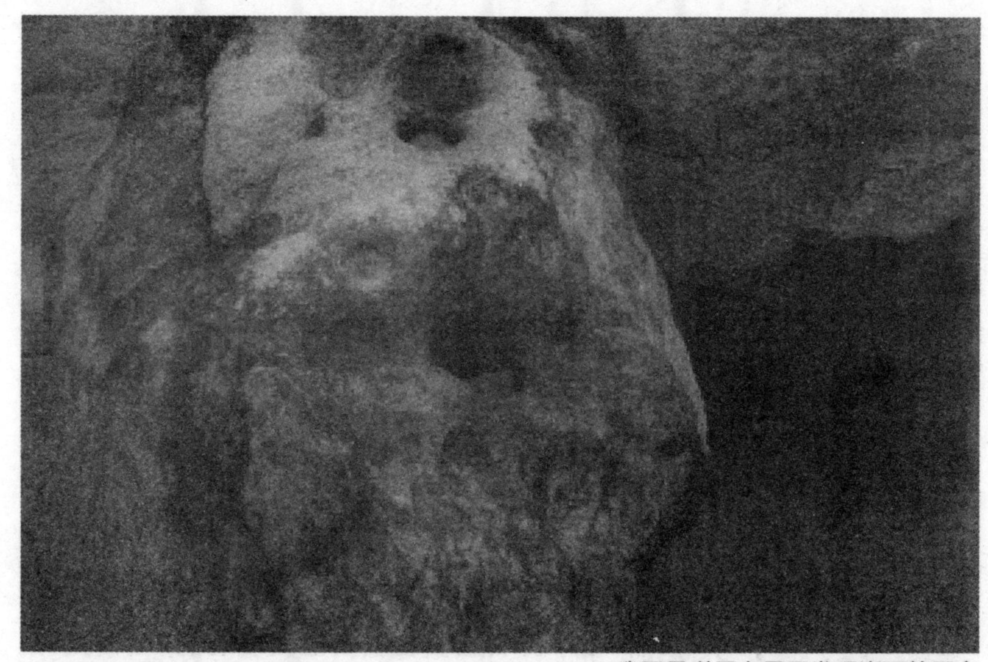

我国是世界上最早发现岩画的国家之一

界上最早发现岩画的国家，而我国北方草原却是我国发现岩画最早的地方。

（一）内蒙古岩画的发现

内蒙古是我国北方草原地区岩画最密集的地方之一。建国后，最早发现的岩画是1974—1975年在额尔古纳右旗交唠呵道和阿娘尼的岩画，不过大规模的考察和研究却是20世纪70年代末和80年代的事。1976—1980年，内蒙古文物考古工作者对阴山岩画的考察和研究，1980—1983年对乌兰察布岩画的考察，1979—1980年对乌海市桌子山西麓岩画的调查，1981 年对克什克腾旗白岔河沿岸岩画的考察，1982 年对扎鲁特旗大罕山岩画的发现，1986—1989 年对阿拉善盟巴丹吉林沙海东南一带和贺兰山西麓岩画的考察和研究，以及 1987 年对苏丹特左旗呼和楚鲁等地的考察，都有很重要的发现。在大批调查工作之后，积极开展了对已获得岩画资料的研究工作，先后出版了三部岩画专著。

（二）宁夏岩画的发现

宁夏岩画，最早是 1969 年文物考古工作者李祥石在贺兰县贺兰口发现的，系统工作是在1983—1989年进行的。如1983—1984年宁夏博物馆和宁夏考古研究所在贺兰山东麓

透迤磅礴的贺兰山山脉

大麦地岩画

诸山口发现古代岩画群十余处，自北向南有树林口、黑石峁、大西蕃口、小西蕃口、插旗口、贺兰口、苏峪口、回回沟、口子门沟、二龙山等地。近几年来，在中卫县的照壁山、黄羊湾、以及黄河以南的香山主峰周围和黄河以北的贺兰山南麓余脉大麦地周围都发现了十分密集的岩画。

曾引起世界关注的宁夏中卫大麦地岩画群又有重大发现，在其中发现了我国最古老的图画文字。宁夏卫宁北山大麦地有三千一百七十二组约八千四百多个岩画个体图形，内容包括日月星辰、天地神灵、狩猎

大麦地岩画甚至有比甲骨文还要早的图画文字

放牧和舞蹈祭祀等。岩画专家采用丽石黄衣测年方法测得早期岩画距今18000-10000年，并对上述岩画个体图形进行了深入研究。大麦地岩画中，许多象形与抽象符号已经具备了古老文字的要素。据介绍，在大麦地岩画个体图形中，已经发现有一千五百多个图画文字，其中能识读的图画文字只有一少部分，绝大多数还不能识读。在宁夏中卫大麦地发现的大量独立岩画群中，有比甲骨文还要早几千年的中国最古老的图画文字。研究成果已经由古文字专家刘景云考证审定，并最终认为，大麦地岩画中的发现有可能改写中国的文字史。宁夏卫宁北山地区大麦地岩画带

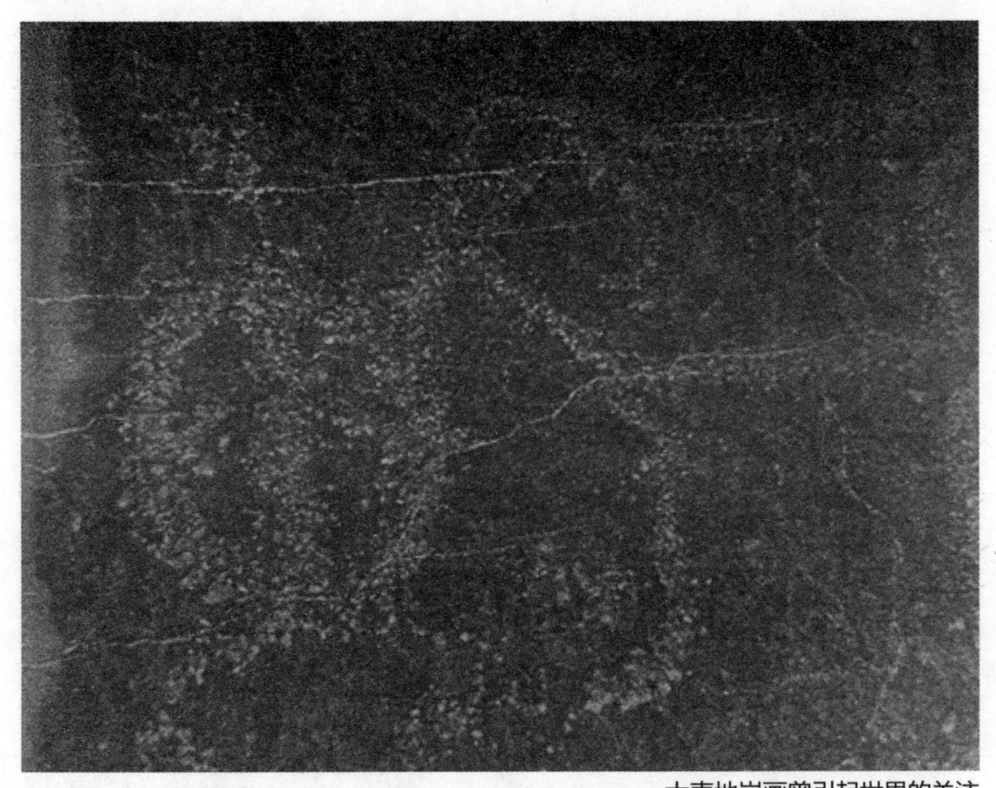

大麦地岩画曾引起世界的关注

遗存数量惊人的史前岩画，其早期岩画可以追溯到旧石器时代晚期，距今两万年左右。1991 年，在宁夏召开的第一次国际岩画研讨会上，与会的一百多名代表到大麦地考察，无不为大麦地岩画的神奇所折服。国内外的专家、学者惊喜不已，纷纷赞叹这里的岩画很早，有旧石器时代的，也有新石器时代的；不仅种类丰富，而且岩画风格和制作技术也丰富。

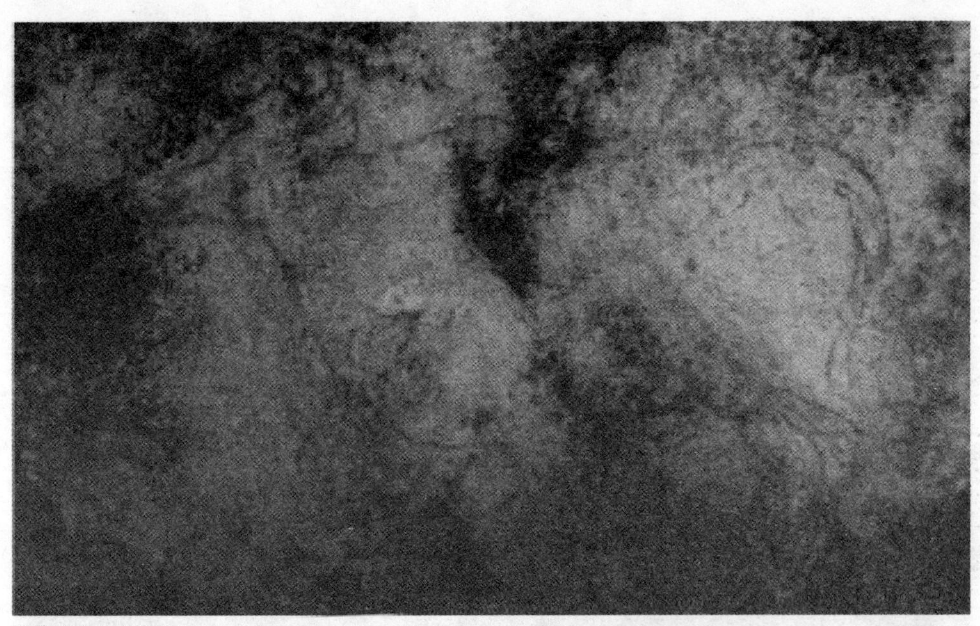

青海野牛沟岩画

（三）青海岩画的发现

青海省岩画，是从 20 世纪 80 年代开始发现的。1982 年发现了青海湖畔刚察县的哈龙沟岩画和都兰县巴哈毛力岩画，1984 年在玉树自治州的通天河的一条支沟发现了许多佛教内容的岩画。1985—1986 年青海省文物考古研究所与北京师范大学合作，对全省岩画进行了全面系统的考察和研究，在 13 个地区共发现岩画 800 幅，其中著名的有海西蒙古族藏族哈萨克族自治州天峻县的露天岩画、露西岩画和鲁茫沟岩画、德令哈市怀头他拉岩画、格尔木市纳赤台管理区西北部 140 公里的野牛沟岩画。位于青海省天峻县

青海鲁芒沟岩画

天棚乡鲁芒沟内约四公里的东山根，共发现三处。一处在山根北侧，在一块约三平方米的大石块上刻有五十多个不同形态的兽类；一处在中间，画面较少，共有七个兽像；一处在南侧，比较特殊，共刻了十九个兽像，主要以骆驼为主，头向一致，体现了骆驼在大沙漠里行进的场面。三处岩画均以摩刻和锤打而成，动物形态简单大方，构图严谨，形象逼真，主要动物有骆驼、马、牛、猪、山羊、大头羊、狗、狼等。整个场面体现了工匠以写实手法反映高原动物群居生息的场面。据考证，作岩画时间在佛教盛行于当地的元明清时代。

黑山岩画意境古朴，形象生动

（四）甘肃岩画的发现

甘肃省岩画，在20世纪70年代相继发现了嘉峪关黑山岩画，在靖远县发现了吴家川岩画。20世纪80年代，甘肃省考古研究所重点考察了肃北蒙古族自治县，在该县北部马鬃山区发现了和尚水、大马鬃、忽兰扎德格等多处岩画点，在该县南部祁连山区发现有野马南山区、石堡城、七个驴、大黑沟和花佛山等岩画点。

甘肃省白银市平川区发现两处具有较高研究价值的岩画。岩画多出现在西北地区远古游牧民族的活动区域，而此次在黄河沿岸发现岩画，对该区域历史和岩画研究都具有较高的价值。发现的岩画位于甘肃省白银市平川区水泉镇野麻村境内，岩面为平行四边形，高 7.5 米，宽 4.4 米。共有图像二十四幅，其中人体像十幅，人头像五幅，动物像八幅，器物像一幅，另有磨迹一处。野麻黄河岩画是典型的北方岩画，表现了当时的先民忙时农耕、闲时狩猎、家庭稳定、自给自足的生活状态。岩画地处偏僻，画面保存完好。野麻岩画的发现，表明最晚在齐家文化早期（公元前 2000 年）当地就有先民生息繁衍。甘肃省文物专家认为，这批岩画可与贺兰山岩画等岩画群进行整

黑山摩崖浅石刻岩画

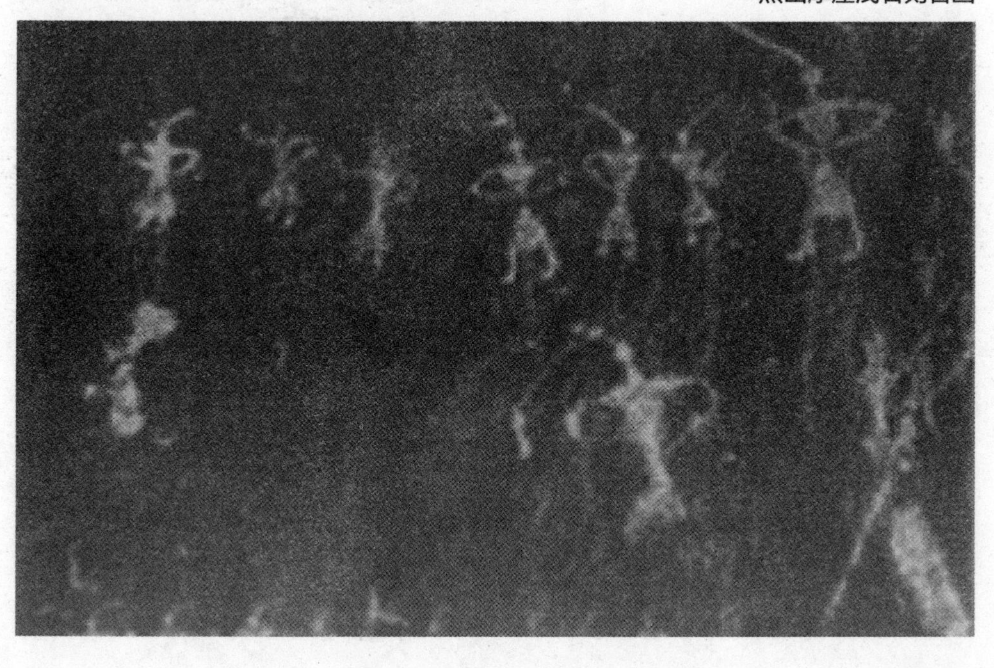

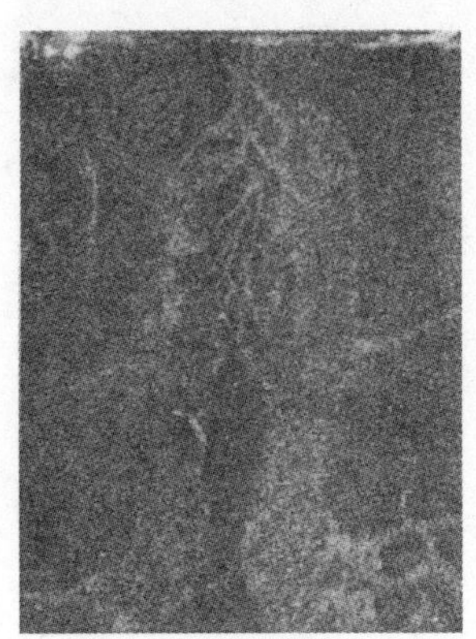
新疆阿尔泰山岩画

体研究，有望填补以往岩画研究的空白。

（五）新疆岩画的发现

最早开展岩画考察的地区是新疆，早在1953年西北文物调查组就调查南疆皮山县桑珠岩画。20世纪60年代初新疆博物馆克由木霍加对北疆尼勒克、昭苏、特克斯、托里、巩留、霍城、温泉、额敏等县岩画进行考察，比这稍晚新疆考古研究所王明哲考察了北疆阿勒泰地区。系统的考察工作在1982—1988年进行的，在这个时期新疆考古研究所和各县的文物考古工作者调查了阿尔泰山、天山、昆仑山的岩画，获得了大批岩画资料，并出版了《中国阿尔泰山岩画》。

2000年，一批保存较好的岩画群及草原石人在新疆北部阿勒泰地区的布尔津县境内被发现。这些岩画和草原石人位于该县阔斯特克乡东山一带和也格孜托别乡与哈巴河县白哈巴交界的附近。这是布尔津县文物管理所对全县境内15个重点文物地点进行详细调查的结果。岩画内容多以北山羊为主，画面错落有致，形态各异，走笔流畅，面积约为2.4平方米，是布尔津县迄今为止最大的一群岩画，新发现的三座草原石人保存完好，轮廓、线条清晰明快，栩栩如生，可明显分辨出石人为两男一女，平均高度约两米。

三、分布与特征

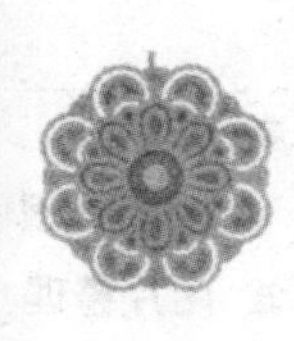

（一）岩画的分布

我国各个岩画点并不是均匀分布于各地，而往往是成群成批地分布。各画址的画幅数量相差悬殊，每幅画的图像更是多少不一。综观我国北方岩画可分为几个大的岩画宝库区，主要有内蒙古阴山岩画、乌兰察布岩画、巴丹吉林沙漠岩画、宁夏贺兰山岩画、甘肃河西走廊西段岩画、青海海西蒙古族藏族哈萨克族自治州的东部岩画、新疆阿尔泰山岩画、天山岩画和昆仑山岩画。

（二）几大岩画区的特征

举世闻名的阴山岩画，位于阴山山脉

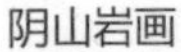
阴山岩画

阴山岩画内容丰富、形象丰满

狼山地区，分布于乌拉特中旗、乌拉特后旗和阿拉善左旗境内的狼山之中，东西约一百五十公里，据不完全统计有两万多幅，仅拓描下的就有一千五百幅。分布最密集的地方有乌拉特中旗的几公里海勒斯太一带。岩画内容丰富多彩，有狩猎、放牧、走兽、家畜、征战、格斗、车辆、穹庐、天体、数量符号、图画记事、舞蹈、生殖、手印、蹄印、小凹穴、人面像、天神、太阳神、植物、符号等等。以各种动物和狩猎场面为主。这些作品是原始部落、匈奴、突厥、党项、蒙古人的作品，从一万多年前的原始部落，直到明清时期的蒙古人，几乎包括了在这里牧

乌兰察布岩画

猎过的一切氏族和民族。在悠久的岁月中，各个民族共同创造了这座巨大的岩画宝库。

乌兰察布岩画，分布在阴山山脉东段大青山之北乌兰察布草原上，以达尔罕茂明安联合旗和乌拉特中旗东部以及百灵庙东北部查干敖包苏木为中心。据不完全统计，这个地区的岩画，约在万幅以上，拓描下一千余幅。这里没有大山，多数岩画分布于一道道岩脉上。从岩画的内容看是典型的畜牧岩画，有家畜、各种

巴丹吉林沙漠岩画

放牧场面、众多的蹄印、脚印、人面像、牧人、舞蹈、野牧、猎人、狩猎、庙宇、官像、车辆、车辙等。从画风看，以图案化、符号化和连体化的抽象图形居多。从作者时代看，以青铜时代居多。

巴丹吉林沙漠岩画，分布于阿拉善右旗巴丹吉林沙漠东南一带，以雅布赖山北部的孤山曼德拉山最多，约有四千幅岩画，其密集程度世所罕见。除曼德拉山之外，在苏海赛、阿日格楞太、海尔汗山、夏拉玛、龙首山都有分布。岩画的内容除在各画址习见的题材之外，最突

出的是各式各样的帐篷和由帐篷组成的村落。这里有我国已发现岩画中时代最早的手印岩画，距今有三万年以上，是在岩洞中用红色矿物燃料喷成的。

贺兰山是古代众多少数民族驻牧游猎的地方

宁夏贺兰山岩画，是北方各省区中另一岩画宝库。宁夏的文物考古工作者已拓描下两千余幅。题材内容有狩猎、放牧、战争、动物、植物、器物、人、人面、手印等生动画面，折射出早以消逝永不再有的远古现实，堪称想象力丰富、情绪奔放、审美内容丰富之佳作。从刻痕中的岩晒和尘垢来看，是陆陆续续经过几百代人努力才刻画而成的，有的地方老痕尚未完全消失，又刻上了新的作品，像贺兰县贺兰口经常发现这种老作品被新画面破坏的现象。

在贺兰山十多处画址中，以贺兰县贺兰口岩画和中卫县岩画最有代表性，不仅画面多，时代早，题材也是多样有趣。近年来，通过大量的实地考察，宁夏的文物考古工作者在中卫县黄羊湾、照壁山、大麦地、香山寺、大井河、石羊沟、石岘子等地点，发现了千幅以上大面积的岩画，分布的区域面积有三十多平方公里，以黄

贺兰山动物图象岩画

河以南的香山主峰周围和黄河以北的贺兰山南麓余麦地周围为中心。岩画内容以动物图象为大宗，其次为人像、日月星辰及大自然景物，还有一些简单的符号和文字。刻画的动物主要有羊、马、驴、骆驼、鹿、狗、虎、牛、狼、怪兽等，其中猴、狮、长颈鹿及树木、花草均为其他地区所少见。岩画中还有反映战争、舞蹈娱乐及狩猎、游牧等活动的画面。

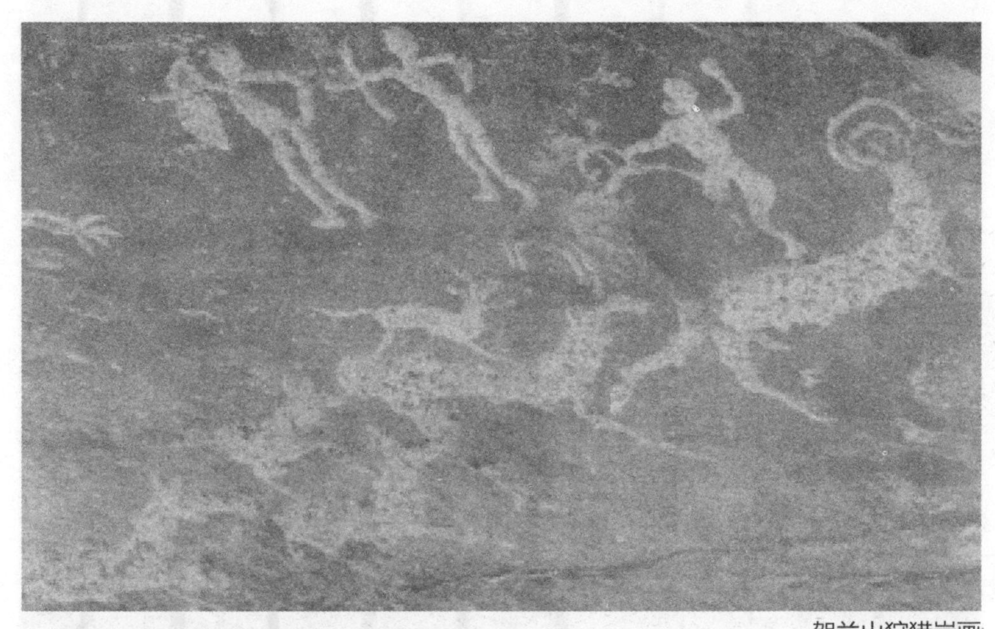

贺兰山狩猎岩画

有些动物群画面把众多的异类动物组合在一个画面中，向人们展现出一个独具情趣的动物乐园。

青海最有代表性的岩画宝库有两地。其一是露山岩画，位于天峻县江河乡江河右岸一座孤山上，刻在山顶迎东的石画上，约有图像一百八十多个。其中有一幅大的画面，刻满了各种各样的内容，有鹿、牦牛、飞禽等动物；有猎牦牛和猎鹿的场面；有持弓对射的战争图像；还有三辆车形，这些都生动地表现了某一狩猎氏族的生产、生活和信仰。其二是野牛沟岩画，位于海西蒙古族藏族哈萨克族自制州格尔木市西南，在该市纳

阿尔泰山美丽的风光

赤台管理区西北 140 公里，刻于昆仑山的山脚斯道沟畔，岩画总数达 160 幅，题材为动物或狩猎。动物约占画面的 90%，其中牛约占 85%，牛有野牛和牦牛两种。此外，还有鹿和骆驼。狩猎有猎牛图，其中有一幅：猎人跪在地上，挽弓搭箭，准备射击，十分生动有趣。

新疆的岩画宝库，以阿勒泰地区的阿尔泰山岩画为最有名。阿尔泰山岩画“长廊”约一千多公里，目前已探明岩画五十多处，发现岩画一万余幅。分布范围十分广泛，除福海县较少外，遍布于阿勒泰地区各县，尤以阿勒泰、哈巴河和青河等县最多。题材内容丰富多彩，反映狩猎的，有岩羊、鹿、野马、野驼、狼、狐、鹰等狩猎对象。还有各种狩猎场面，狩猎的工具主要是弓箭，在哈巴河县杜阿特洞穴彩画中有一幅：一人右手持刀、棒，左手持三角形盾牌。布尔津县伊其塔斯一幅狩猎图，还有圆形兽夹圈，套于岩羊后脚上。还有动物的咬斗场面，如虎扑牛、狼扑鹿等。还有饲养动物、有步牧或骑牧的反映放牧生活的放牧图。反映其他社会生活的，有争夺牧场、征战、舞蹈等。还有反映原始宗教信仰的太阳崇拜、人面像等。岩画的时代以青铜时代为主。

多处岩画有生殖崇拜的寓意

天山是新疆第二个岩画宝库，山中不乏精美的画面，然而最令人倾倒的是，近年发现的呼图壁县康家石门子的生殖岩画，正如新疆考古研究所所长、研究馆员王炳华所说："新疆境内的天山、阿尔泰山、阿尔金山、昆仑山和帕米尔，都曾发现大量的古代岩画，其中有的完全可以和著名的内蒙古阴山岩画相媲美。但是，当我站在呼图壁县康家石门子岩画之下的时候，却不能不为它那奇特的画面所征服、所倾倒！"这片面积达一百二十多平方米的岩

昆仑山岩画

画画面上，布满了二三百个大小不等的男女人物。大者大于真人，小者只有 20 厘米左右。他们或卧或立，或衣或裸，手舞足蹈，身姿不同，神态各异。岩画的雕刻技法已经达到相当成熟的水平，不仅人物线条流畅，刻画准确，而且面部情绪、内心气质都能表现得恰如其分。

新疆第三个岩画宝库是昆仑山岩画。岩画遍布于西从皮山县、东到且末县的昆仑山北麓，以最近在且末县昆仑山脉莫勒恰河出山口以南不远山腰上的岩画最多，岩画共分 14 组，成不规则阶梯式排列。这些岩画是古代羌人创造的极其珍贵的文化遗产。

甘肃岩画以嘉峪关市黑山岩画最有代表性，它与河西走廊许多岩画点，内容和画风上都有很大一致性，比如肃北蒙古族自治县花佛山岩画便是一例。黑山位于嘉峪关市西北的黑山湖附近，岩画散刻于山下鼓心沟两畔，绵延一公里多。画面琢刻甚浅，技法简单粗糙，但画境古拙，形象生动，人物粗犷有力。画像内容有人物、动物、围猎、雁，以及鸡、鱼等形象。从内容看，与新疆霍城县干沟、额敏县卡伊卡爱和裕民县红石头泉等地岩画相近，但人物装束各异，这里也没有帐篷。许多画面昂然有趣，如一幅狩猎场面，有几只庞大的野牛和长角鹿，被其前、后、左、右的持弓搭箭的猎人紧紧围住，野牛扬尾抵

黑山岩画

反映日常生活场景的阴山岩画

角，作既欲逃窜又要与猎人较量之势。又如一幅操练图，人物的排列井然有序，上下分三组，共计三十人，每组人数多寡不一。人像大小不一，姿态各异，有首领作指挥。

以上，是我国北方岩画的发现经过和分布的大致情况，看来，我国北方岩画虽然发现很早，但真正的调查与研究工作却是建国之后的事，大量的工作是20世纪80年代完成的。现在，岩画已成为我国北方各省（区）学术界的热门话题，对它的调查与研究方兴未艾。在大量考察工作的基础上，已发现了大量岩画点，并发现了许多在国内仅有、在世界罕见的巨大的岩画宝库。对这些岩画宝库的考察与研究，虽然

岩画是了解原始人类生活状态的一个窗口

做了一些工作，但从总体上看，仍处在起始阶段，随着对岩画奥秘的逐渐探索，我国古代牧猎民族富有情趣的历史，以及他们在缔造我国光辉灿烂的古代文明中的历史作用，将被逐步揭示出来。

（三）岩画的区域特征

我国地域辽阔，岩画分布广泛而密集，各地岩画在内容、风格和制法上，具有明显的地域特征。仅就我国北方岩画来说，由于地理环境、生产方式、文化传统和历史背景相近，因而，作为古代文化现象的岩画，在很大程度上比较一致，如在题材

狩猎岩画

上看，以各种家畜和野生动物为大宗，狩猎和畜牧岩画较多，人画像岩画较普遍，反映的生产画面较我国西南山地和东南沿海等地区多得多。在艺术风格上和制作技法上都有共同的东西，比如，在制法上以敲凿为主等。然而，我国北方，东从黑龙江，西至新疆，东西跨越有一万公里，其间在地理环境、文化面貌上也有一定差异性，反映在岩画上也有明显区别。根据岩画题材内容、艺术风格和制作技法上的差别，约可分为东北农林区、甘青高原区和内蒙古宁夏草原区等四区。现将各区岩石岩画及特点概述如下：

东北农林区。地域包括黑龙江和内蒙古呼伦贝尔盟，即黑龙江省东部及大兴安岭以西、以东等广大地区。现已发现的主要岩画遗存，有黑龙江省林海县群离屯，内蒙古额尔古纳左旗得尔布尔、阿娘尼河，额尔古纳右旗交唠呵道等处。

海林县群力屯岩画，位于牡丹江右岸群力屯东南。山石系花岗岩质，用朱红色颜料绘在浅褐色石画上。题材内容有奔鹿、人牵鹿、凉棚、扁舟等。舟左一人作划舟状，舟中一人双手高举，其上似筐篓或撒渔网，舟右端一人作撑舟状。画面展现了当地居民的

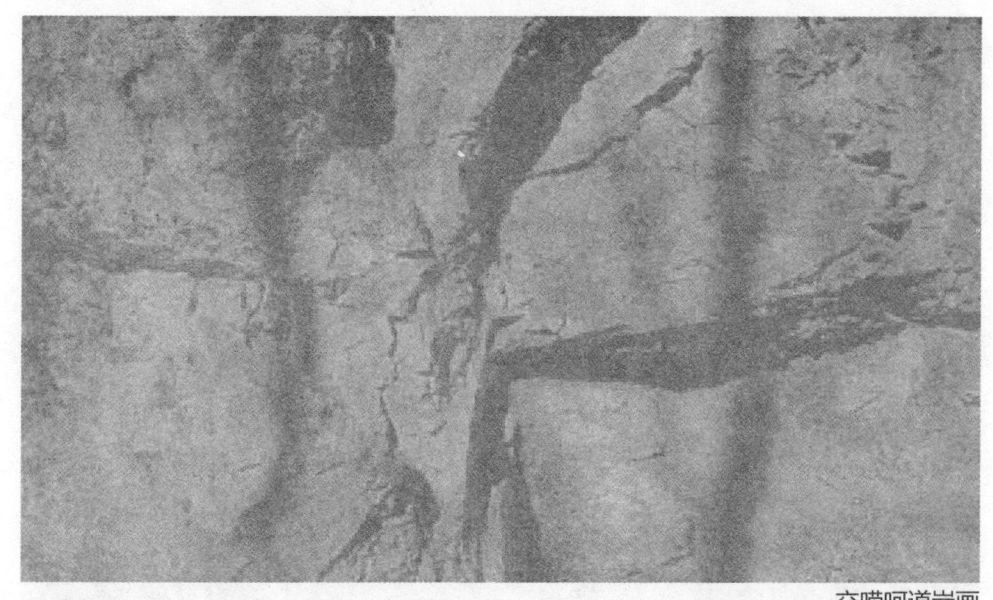

交唠呵道岩画

渔猎生活。

交唠呵道岩画，位于黑龙江上游右支流额穆尔河上源克波河源头之一交唠呵道河畔山岩上。岩画画在岩缝中间石壁上，内容有马鹿、驼鹿、麋鹿、人牵驯鹿、猎犬和人物等。

阿娘尼岩画，位于额尔古纳河右支流牛耳河的支流阿娘尼小河悬崖上，是用红色颜料绘制的，内容有驼鹿、驯鹿、猎鹿、猎犬和围猎等。

综上所述，这个地区岩画的特点有以下几点：

其一，在制作方法上，悉用红色颜料绘画而成，这与我国北方其他地区多半以敲凿而成迥然不同，而与我国西南云、贵、桂诸省一样。

阴山岩画

这不仅与作岩画的石料有关，也与当地有此类矿物颜料有关。

其二，岩画数量少，更缺少大型画面，题材单一，时代较晚。内容以表现人和动物以及其之间的关系为主。艺术题材的贫乏，是人们物质生活匮乏，并只关心同自己生活有直接利害关系的事物在艺术上的反映。

其三，被描绘的物象大多是孤立的、个别的客体，各图像间似乎没有联系，显示出岩画作者对客观世界的个别性具有精细的感知能力，而对世界的整体性及对事物之间联系的认识和感受能力是较差的。

其四，图像的线条粗放，制作简单，与全国各地岩画相比，除与青海岩画相近外，比其他各地岩画制作上要简单得多，不少图像仅用单线勾勒出物象的轮廓而已。

其五，鹿与犬岩画占有突出的地位。因为当地多鹿，且为当地居民衣食和交通所依赖，在居民经济生活中具有特殊作用。猎犬在林区猎人行猎时有突出的作用。岩画反映了当地渔猎人的现实生活。

其六，见于阿娘尼河的萨满鼓岩画，表明这一地区的居民很早就信仰萨满教。萨满巫师制作岩画，为的是对动物施加巫

岩画的斑驳图案令人仿佛置身于远古时代

阴山岩画

术，狩猎成功。岩画可能是萨满巫术行为的产物。

内蒙古、宁夏草原区。东从大兴安岭南段，西至内蒙古的阿拉善左旗一带，这里是我国北方岩画中心地区，是著名的内蒙古草原地带。其间有辽阔的草原，绵延的高山，浩瀚的沙漠，古往今来，一直是猎牧人游猎和驻牧的苑囿。这个地区，不仅是我国同时也是世界上岩画最密集的地方之一。据初步考察得知，这里不仅有举世闻名的阴山岩画、乌兰察布岩画两个大的岩画宝库，而且其他岩画点多若繁星。

四、作画环境与功能

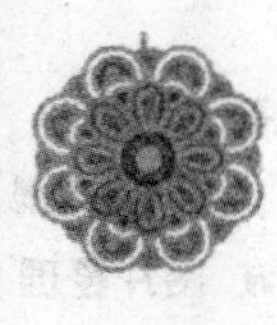

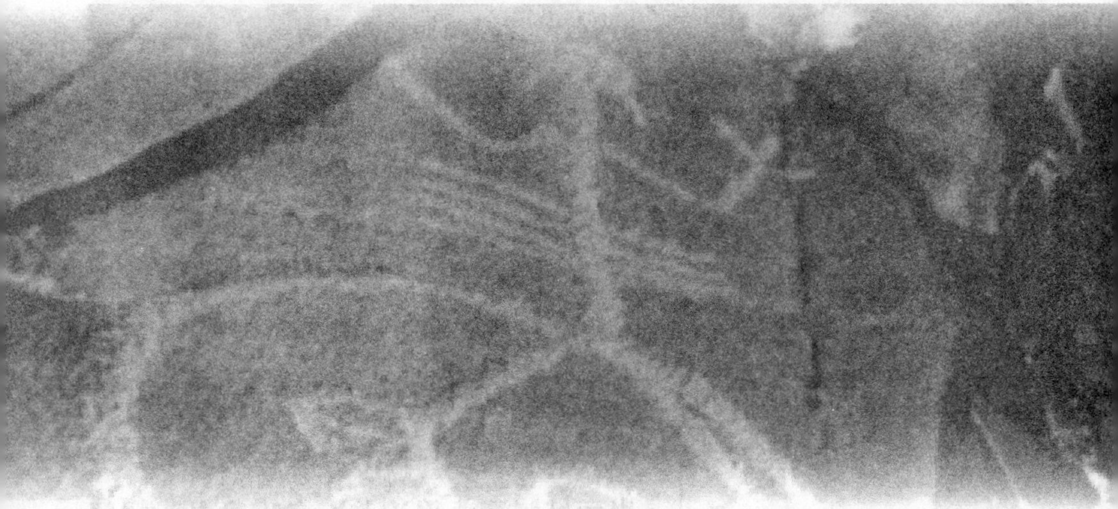

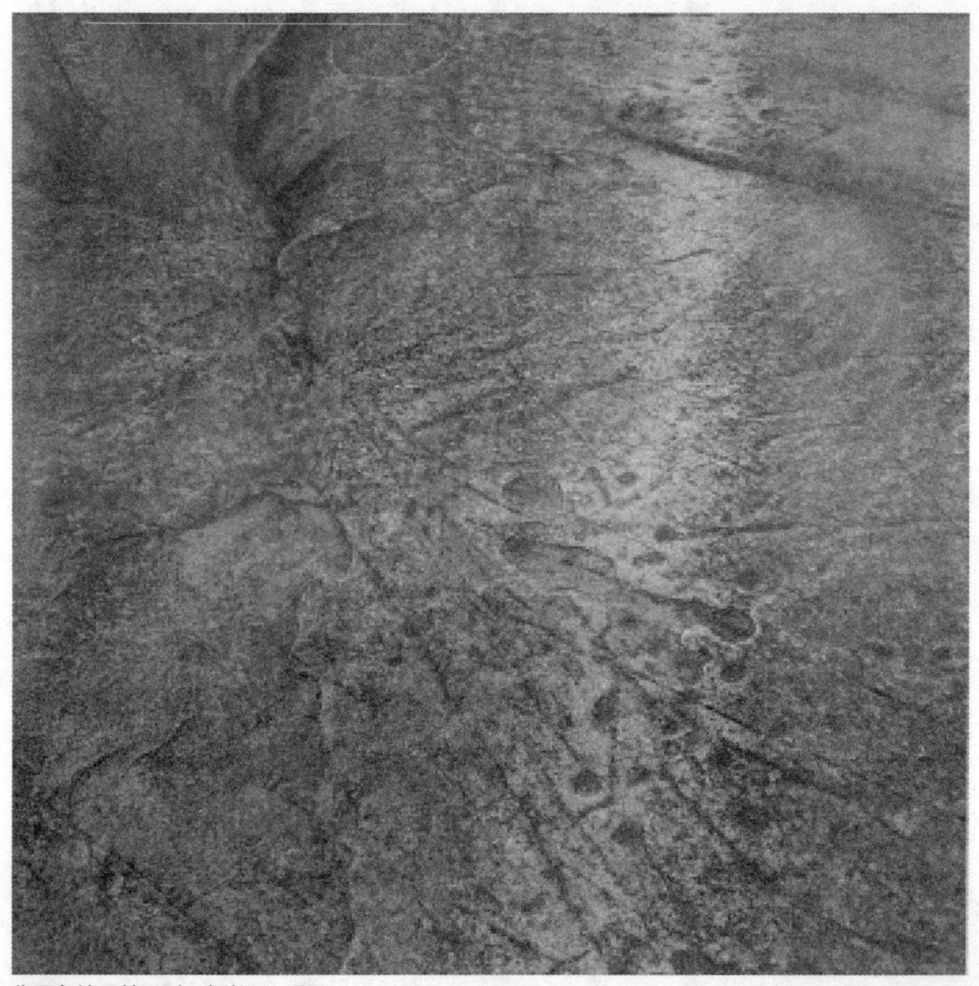

作画条件千差万别，有岩石、孤石、崖壁等等

我国北方岩画遍布于各个角落，那里只要有适于作画的石料，就有可能有岩画址出现。但这并不意味着岩画均匀地散刻于各地，实际上古人对岩画地的选择是比较严格的。

作画环境千差万别，有岩洞、孤石、河畔、崖壁、岩脉，以及一切裸露于大自然的山岩

岩画的条件选择因内容不同而有差异

等等。作岩画对环境的一般要求是：石质坚硬、石面光平、避风向阳、水源较近、水草丰美、环境优美、宜于人类居住。但这并不是说，凡是具备上列条件的山岩都一定会有岩画，而只是作画于符合上述条件的某些特定的地方。

（一）岩画对环境的选择

岩画的环境选择，既与题材内容有关，也与民族和时代有关。一般来说，动物岩画的作画地点满山遍野，在山顶、山坡、岩脉、崖壁随处可以发现，比如，在北方草原地带，在高山、低地、岩脉、沙漠地带的山

岩上，都有动物岩画散布。人面像岩画，一般分布于沟边崖畔上，以沟口、水流湍急处、山石奇特处居多，多数成群存在，只有个别是单个或三三两两在一起。许多人面群像之前，有浩瀚的山水激荡，景色佳丽。舞蹈岩画散见各地，但以濒临山沟者居多，尤其是群舞场面，多数在沟边崖壁。从上面列举的几种岩画看，不同种类岩画往往选择不同的自然环境。因为在古人看来，各种各样的动物，经常出没于山岭草地，因此，就把动物形制刻在动物奔驰的地方。而把天神形象的人面像，刻于山口、沟畔、危岩之地，因为古人认为那些地方是神灵居住和呈现神威的地方。至于以媚神娱人为目的的舞蹈岩画，刻制于河畔崖边，那也是因为那些地方常常是敬祭山川之神的地方，在岩画彼岸，常有溪水畅流，并有小片平地，可想当年之民，必在灿灿的天宇下或月光照耀下，在那里举行媚神娱人之舞。但舞蹈时间无论多么长，总有停止之时，为使山川之神长期拥有他们别具韵味的舞蹈，便将舞蹈刻于崖壁。

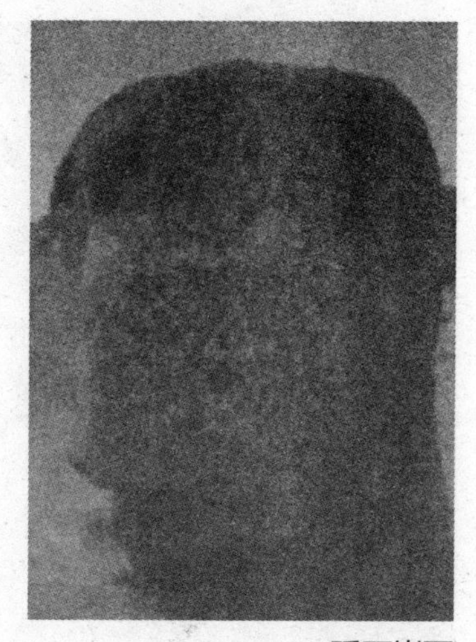
孤石岩画

此外，作画的环境选择也与民族和时代有关。我国北方各省岩画的最古老画面，也与世界上各个地方一样，多数作画于岩洞

沙漠中骑着骆驼的赶路人

或岩厦，因为那里是原始人类的住地和祠堂，故将其所崇拜的对象作于其内。后来，人类的居室由山洞、岩厦转移到地面，住于山阳、河畔的帐篷之中，他们常常在山间草原行猎、放牧，并在山前避风处或地形特殊处举行舞蹈、祭奠、祈祷，因此，他们作画常在露面的山石上。从元代开始，蒙古人驻牧于我国北方辽阔的草原之后，原来适于作画的地方，差不多都已有了岩画，他们对这些画像感到困惑难解，认为是神灵的显现，为宣泄他们旺盛的宗教感情，常在前代人的作品旁刻以“六字真言”或宣传喇嘛教义的作品。他们更将注意力投向前代没有作过画的花岗岩之上，在那里制作了别具情趣的作品。

岩画是作画时代的生活记录，岩画内容随着时代的变化而变化，狩猎时代以野牲和狩猎场面为主，到畜牧时代，岩画内容多为家畜和放牧，北方草原最为习见的骑者岩画，多见于山地、草原和沙漠地区。骆驼岩画多见于干旱之地，以临近沙漠的地方最多见。古人作画环境之选择，是推论岩画功能的基础和出发点，对我们理解岩画的社会功能有重要启迪作用。

岩画是多功能的，各国学者有多种多样的解释。法国、西班牙的洞窟岩画，或说作画地点是原始人类的祭堂，故将所崇

骆驼岩画

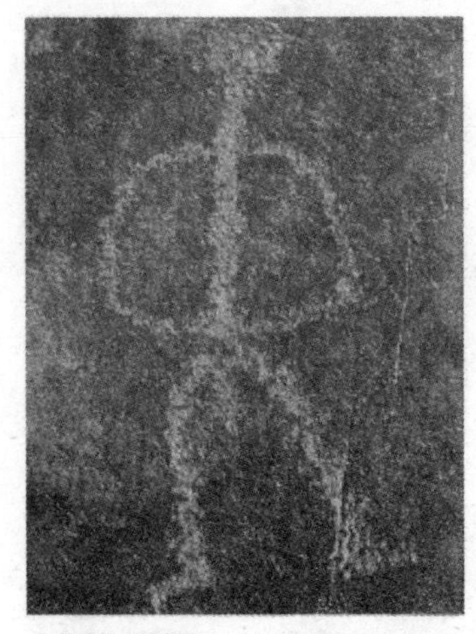
人物舞蹈岩画

拜的精灵绘于其上；或说是对某些事件的记录，供同代人或后代人看的；或说是动物、动物足迹、模拟动物的舞蹈以及狩猎成功的巫术行为。前苏联贝加尔湖区岩画，研究者认为是当地流行的萨满教的产物，其中跳舞场面是表现巫师跳神，有些人形则是萨满教的神形象，天鹅和蛇等动物形象也都与萨满教神话故事有关。

世界各地岩画都有自己的目的和功能，只能根据岩画内容去进行具体的分析。我国北方地区岩画创作的目的和作用，也只能根据各地岩画本身的内容，并结合作画的自然环境、时代、作画民族的文化传统去探索和

巫师与人面像岩画

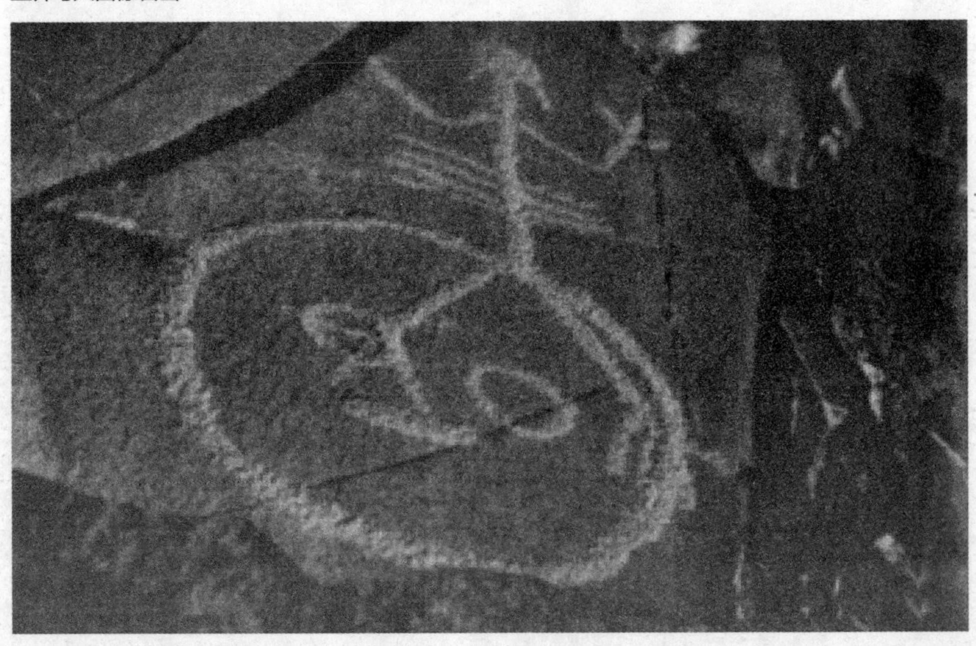

岩石上刻有不同内容的图画

解析。

（二）作画的功能

我国北方岩画的作画功能至为纷杂，各种不同的作画母题有着不同的创作目的。实际上，很难将岩画的功能一一分列出来，为了叙述上的方便，不得不分开来讲，归纳起来主要有以下几项。

首先，部分岩画是模拟巫术的遗存。原始宗教中有一种建立在象征原则上的模拟巫术，认为事物的形象即是事物本身，模拟性动作可以达到真实的结果。

其二，原始宗教崇拜的产物。我国古代北方有相当一部分岩画与原始宗教崇拜有关。有

大麦地岩画是一部宏伟的记载游牧先民生活的史册

的是原始社会神职人物的活动画面，有的是反映动物崇拜、图腾崇拜、天体崇拜、太阳神崇拜等。

其三，媚神娱人的图画。岩画中的舞蹈、杂技等场面，往往具有祭祀和祈祷的内容。

其四，重大事件或重要仪式的描绘。这部分画面应属于原始记事、符号记事和图画记事三种，岩画是图画记事和符号记事的重要形式之一。

其五，传授知识的图画。岩画不仅是原始人生活的愿望和生活手段的记录和斗争经验的总结，也是教育成员和后代的教科书和传授知识的图画。知识的积累、传授，以及知识的丰富和发展，是人类社会不断进步的重要条件。

五、题材分类与技术风格

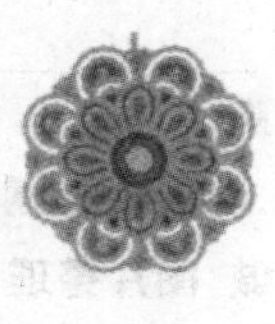

除了单个或一两种几何符号同时出现外，最能体现岩画中符号的象征意义的是由多种几何图形组成的各种符号图案。由三角形、圆形、曲线组成的人的形象，在我国岩画中很常见。几何形状组成的人面像，常常运用大胆变形、夸张、省略、移形、双关等艺术手法，极大地提高了岩画艺术的表现力。象征岩画的表现手段，在非常简单的材料运用中能够把最隐晦的意义加以形象化表现，把相隔最遥远的事物出人意料地结合在一起，其形式的特别、手法的大胆往往创生出无穷的韵味，有一种言之难尽的意趣。还有以旋涡纹、同心圆、菱形纹组成的图案，至今很

大麦地岩画内容丰富，多是实物象征的图形

阴山岩画

难辨认出他们当时的意图，但至少可以明白这些符号图案是原始人当时生活中某种东西的象征。

在原始社会里，这些符号图案并不只是原始人一种随意、轻率的刻画活动，而是隐喻着某种深刻的内涵。再次，每一种象征物具有的象征意义，是某一社会群体共同认可的，因此，象征含义就成为一种“集体无意识”。象征的载体成了用以传达信息和区分群体的标志。它向对方或群体展示某种含义，具有文字和书信的功能，看到象征物便明白其意义。因此，在这里，象征载体所传达的意思，是某一社会群体或

人面佛岩画

部落所共同认可的，是全体成员约定俗成的，只有本群体成员才能理解其含义，其他群体的人无法解读。可见，象征具有某种神秘的不可通约性、不可解读性或不可流通性。例如，云南沧源岩画的出人洞图像，人洞即为一个横卧的葫芦形，有一个人双手正上举作努力出洞状，洞周围还有许多依次离去的人形，正好符合当地民族的葫芦生人的神话传说。宁夏贺兰山“足手面形人像”，宗教巫术意识非常浓重，是人在自身与自然的结合中所臆想出的超自然力量的形象化体现。尽管在内蒙古地区也有大量的人面像，但两相比较，贺兰山的人面像形象怪诞，面目各异，很多图像无法理解，匪夷所思。有的五官俱全，有的只画眼睛，也有的仅有眉毛和鼻子。另外，更为奇特的是，有的人面像上画有很多短线表示毛发，还有的画上许多条纹或几何图案，联系这一带的考古资料，这些怪异的人面像可能与当时的黥面或戴面具的习俗有关。从发现的大量岩画来看，岩画都毫无例外地拥有某些功利的、社会的、魔法的或宗教的目的，完全不是单纯地考虑审美品质。其实，岩画的出现首先是由某种目的性和实用性开始的，比如记事、传递信息、图腾、祭祀活动、巫术活动的标志等都可能利用岩画来象征性地表示。广西左江

广西花山崖画是我国优秀的民族文化遗产

流域宁明县花山岩画，场面壮观，气势雄伟，内容丰富，人物众多，是我国迄今发现最大的一处岩画点。画中人物皆为双臂上举，两腿分立下蹲，形似蛙状，正在虔诚地拜神，即所谓当时的“祈祷者”。这一人物形象在南方农耕社会的广西和云南最为常见，也是这一带岩画的代表性作品。

（一）母题的分类与特征

岩画题材母题有以下几个特征：

其一，岩画内容是现实主义的，它的取材基本上以客观存在的物象为依据，写实总是最基本的方法，即使简要化、抽象化、符号化的变相作品，由于形体不脱离写实的基

广西花山人身蛙形崖画

础轮廓，所塑造的形象是可以看得懂的，可以通过视觉感受领悟其意图和产生联想。

其二，岩画母题具有理想主义的色彩，有相当一部分作品是表现作画者的愿望、乞求、占有、野心等心态的。比如在阴山岩画中，有一幅猎羊图，画了两只羊，两个人在那里拉满弓，瞄准着箭，一支箭触着羊的头部，一支箭连着羊的胸口，两支箭命中岩羊。

其三，岩画内容具有强烈的功利主义思想。题材内容大都是对人们生存有用的物象。

广西花山崖画

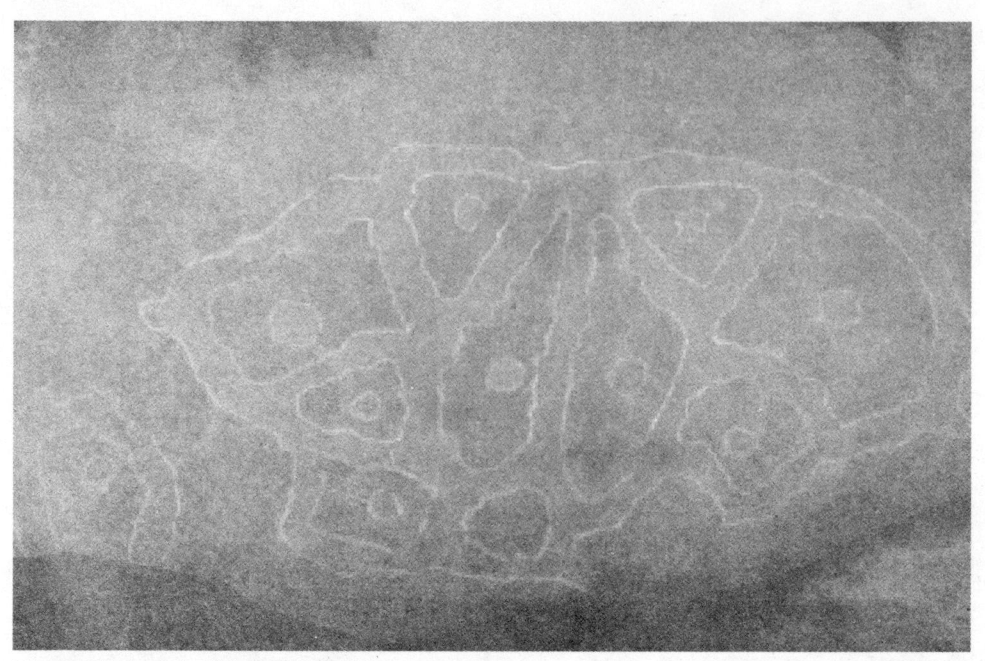

岩画图案神秘叵测，或与巫术有某种联系

总之，中国岩画的题材内容都围绕着作画者的经济生活、生存和生命的延续，具有强烈的功利主义特点，并充满着人们的良好意愿和追求，它所表现的是现实的世界，即使是那些反映原始宗教信仰的画面，也是对现实生活折射、扭曲或倾倒的表现。

岩画与巫术仪式的表现需要相关，这就决定它在形式上要满足越来越程式化的仪式要求，在不断传承与复制中形成规范的模式；而在内容上，巫术仪式要求岩画要有神秘的效果（当然在原始人类的认知中，岩画确有神秘的功力），这种神秘性亦是先民内在精神的呈现。因此，岩画在模式化与创造性的统一中，图案岩画产生并发展，从而具有永恒的魅力。在这里，我们探索中国图案岩画的造型特征，是想寻找中国岩画自身的东西。自西方图案画理论传入，那种追求机械的、科学的、数理的黄金分割率结构意识产生了极深的影响，以至人们听到图案这个词首先想到的是呆板的几何形。其实我们中国有自己的图案画传统，它不是模仿自然的，也不是机械的，而是写意传神的。或者说，中国艺术的写意传神的源头即在原始的岩画，或原始图案岩画。中国图案岩画的造型有属于自己的三方面特征。试言之，中国岩画则不求形，但更传神，也更神秘。这会使我们想起白石老“妙在似与不似之间”的画论，因为这正是中国画的传统精神。妙在似与不似之间，恰恰为图案岩画的抽象性作了很好的诠释。图案的抽象是以具象为基础的，太像则俗，不像则伪。如阴山岩画中的云纹图案是由五层椭圆的环形构成，无固态的云被线条固定了下来，却很生动地召唤我们对乌云滚滚的情景的记忆，不像云，却画出了云的面像，不似向日葵，不似小麦，

阴山岩画

却使人想到主宰大地丰收的神灵，而且感到神秘。这种图案的写意又不离开具象生动的传统，在后世的图案画中亦为习见。中国图案岩画的写意性体现在造型方式上，最基本的是点、线、面的灵性构成。所谓灵性即点、线、面都是有生命活力的，先民提出了“万物有灵”的观念，今人或可作主体生命的对象化，但两者区别甚巨，因先民是视之为生命本体，不似今人只是形式的借用。以线而言，西方传统的素描认为，线只是面对相交，排斥以线造型，而中国绘画首重线条，这种分野应该就是视点、线、面有灵性与否决定的。或

岩画以写实的风格描绘周围的事物

在原始社会，符号和图案隐喻着深刻的含义

者说，当线条摆脱刻画实物轮廓的局囿，灌注了作者的生命活力，从而成为一种生命化符号时，意味着真正的艺术的出现。我们也可注意中国图案岩画的线条表现是非常生动优美的，可谓图案现象的基础。

（二）作画的两种方法

世界各国岩画的作画方法有两种：一种是用颜料绘画的，另一种是刻制的。两种岩画在分布上是不均衡的，有的国家以刻制为主，而我国岩画两种作画方法兼而有之，除了西南山地之外，其余地方均以石刻为主。我国北方各省颜料作画的作品甚少，绝大多

贺兰山岩画怪异的人面像也许和当时人们戴面具的习俗有关

数是石刻岩画。

岩画在造型上，不管是构图还是具体物象的塑造，都是取平面造型的方法。形体塑造上，只有上下和左右两度空间。用涂染或刻制方法绘出平面图像，不分物象远近，都画成一个平面。

画面无一定布局，在一幅图画中，各个图像往往是一些互不关联的个别形象，似乎是信手作画，有空隙处便加上物像，即使是内容不同的两组图像之间，也无明显界限。物象有重叠现象，在较大画壁上常有多次作画痕迹。只有部分画面，各个物象的位置和形体尺寸事先经过一番安排。

作画者在塑造平面图形时，很善于抓住物象的基本形象，将所表现的对象简单到不能再简单的地步。这种将平面塑造与抓基本形象结合起来而产生的粗犷艺术手法，能描述出人的种种动作，人马的骑射，动物的奔驰，以及其他多种多样的场面。

岩画作者利用岩画形式表达自己的思想感情和愿望时，不仅能比较准确地表现出客观事物的基本特征，而且还善于运用适当的岩画语言创造自己理想中美的形象。作画者具有高度的艺术表现力和概括能力，他们运

贺兰山岩画是北方岩画宝库之一

用均衡对称美、概括夸张美、主次对比美等多种艺术手法，创造出了无数美的形象。

总之，我国北方岩画在技巧和方法上虽感简单、雅拙，但有一种质朴美，这种美正是善于精雕细琢的现代绘画作品所不具备的。由岩画传出的那种稚拙高明、原始而富有魅力，正是一些现代画家所追求的返璞归真的意境。

六、内容与作者

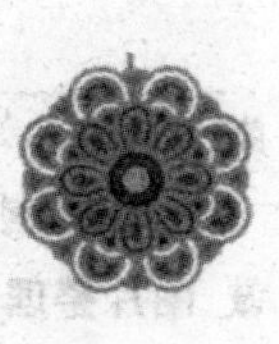

骏马岩画

进入岩画所在地卫宁北山地区，在十多平方公里范围内分布的数千幅岩画，可以追溯到旧石器时代晚期，距今两万至三万年左右。这些岩画和水洞沟属于同时期的文化遗产，大部分是旧石器和新石器时代的人类所作，真实地记录了远古人类放牧、狩猎、祭祀、争战、交媾等生活场景，表现出原始氏族部落自然崇拜、生殖崇拜、图腾崇拜、祖先崇拜的文化内涵，为研究史前人类的文化和历史提供了极为丰富而宝贵的考古资料。在一个山坡顶上向北望去，每个山梁靠南边的石头大多呈现黑色，石头上布满了人物、动物、狩猎、文字符号图以及驯养图等类型的岩画，岩画的绘画笔法简洁，造型粗犷，构图朴实，画面内容与表现手法十分广泛。不仅有太阳、月亮、树木、花草以及羊、马、鹿、虎、狗等个体图像，而且有天体、动植物、狩猎、祭祀、骑乘、饲养、放牧、争战和生殖等组合图像。

（一）岩画内容构造

1. 对称与平衡——完整形

图案要求视觉的平衡。平衡的形式有两种，一是对称，如天平之两端同形同重；一是均衡，不对称，但感到稳定，如天平两端形状不同但重量一样。前者在中国岩画中有人面像、车辆，是其本身对称，这种对称表现不必自觉；但是对马这类图案的出现，却一定是自觉为之。而

贺兰山岩画

贺兰山人面岩画

且，还有复杂的对称图案，如内蒙古阿拉善右旗苏海赛的人形图案；还有创造性的对称图案，如内蒙古阿拉善右旗海尔汗山的双头马图案。可见中国岩画图案的对称规则的运用不但是自觉的，而且有较高的艺术水准。后者均衡较之对称更富变化，也更难于把握，但在中国岩画图案中均衡性构图更为常见，也更精彩。但均衡的表现难以言表，只能就具体图案言之。中国岩画图案对均衡规则的运用是充满智慧的，图案要求完整美。在原始艺术中，原始人类是追求造型的完整性的，这是因为原始人类的"万物有灵"意识，视

贺兰口岩画是贺兰山岩画中的典范

艺术作品有真实生命，生命体不能残缺，画也就要求完整。在岩画中，侧面的动物往往画四条腿，正面人体画出四肢，即使客观上看不见的也要画出来。现代绘画大师毕加索的立体主义作品的人面也是这样画，即是学习原始艺术的结果。应该说，今天图案要求的完整性在岩画中早已有了。前面所说的对称与平衡的规则，常常是为完整性服务的。图案不能照搬自然形，要求变形以产生图案。

2. 加强与减弱

变形不是空穴来风，乃是对自然形的加强与减弱。加强者即强化特征，强化美的地方；减弱、淡化或省略非特征的或不美的因

岩石是作画的载体

素。中国岩画区别于西方岩画的重要特征，即是它的写意性，不像西方的模仿自然，是以传神为宗旨。故而，中国岩画图案在变形方面更为突出。减弱如：两只牦牛的头部减弱甚至省略了；角和尾被强化，变成了圆形，很好地刻画了牦牛。我们也可以感觉到加强和减弱往往会产生夸张的效果，这是突出物象特征的有效方法，是写意性绘画常用的，图案画中自然更需要夸张的变形。

3. 变化与统一

图案要求齐整，往往会有一个母题的重复排列。如果是母题毫无变化的机械重复，画面就会呆板无生气。然而若是多母题或变化太多，又会流于杂乱无序，失去齐整而不美。因此，图案既要有变化，又要求统一性，是同一事物相辅相承的两方面。应该说能够做到多样统一，需要有较高的手段。我们在中国岩画中却常常可以看到具有多样统一性的图案。

4. 对照与调和

对照是对比。前文谈到中国岩画图案有“数”的动象构成特征，这个“数”就是阴阳、黑白、动静、大小、上下的对比关系、互动关系。中国岩画图案构图的深刻与丰富，

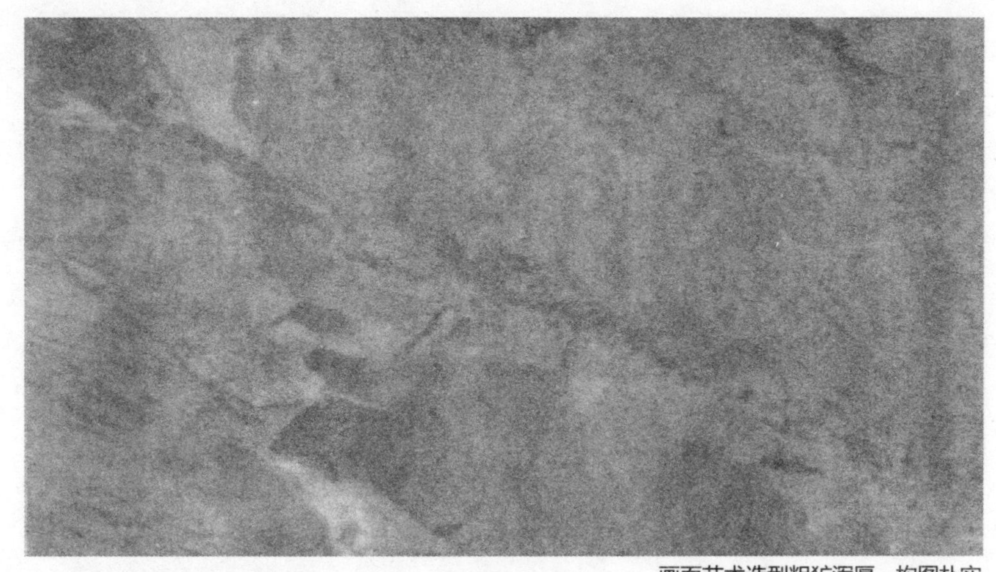

画面艺术造型粗犷浑厚，构图朴实

都是由这个内在的规则造成的。今天人们所了解到阴阳相生、黑白互见、动静相参、大小相依等绘画理念，即源出于此。调和是统一，但有了对立的前提，这种统一就是动态的、相生相克的，或曰辩证的统一。

5. 比例与权衡

讲求比例已然有精确的计算的意味，对西方图案而言，是其重要特征，如西方人所发现的黄金分割律及相关的数理之美。从中国岩画图案来看，主要还是依靠生命感觉，而非数学的精确，如前文所说，中国岩画造型是模糊性的，因此，与比例相差较远。至于权衡，本义仍是计算的，但中国岩画图案是模糊的计算，即是依赖感

很多岩画表达了对宗教与神的敬畏与崇拜

觉的。前文所论造型的均衡性的实现，是离不开这种模糊的权衡的。

总之，中国岩画图案所具有的潜规则与现代图案的规则大体是一致的，所不同处恰恰是中国绘画与西方绘画最根本的区分。

（二）作画者的推测

岩画作者的绘画动因主要是素材冲动，目的是记录猎取对象，或服务于生存需要的巫术仪式，形式的、游戏的因素在这个阶段还是潜在的、无意识的。因此，第一繁荣期的岩画尚未进入图案表现。图案岩画的出现是在过渡期，年限大约在一万年至七千年之间，也是旧石器时代与新石器时代的过渡期。这一阶段的岩画中，人物形象增多，且居画面较显著地位，这标志着人类自我意识的强化。岩画的表现从第一繁荣期的写实转向程式化的变形，出现了装饰的、抽象化的倾向，乃具图案面貌。究其原因，一方面是巫术活动愈来愈成为一种专业，在岩画的图式上成为定型，且在一代代的复制中成为模式化制作；另一方面则是制作者的形式意识和游戏意识逐渐自觉的结果。

七、岩画与当地文化的关系

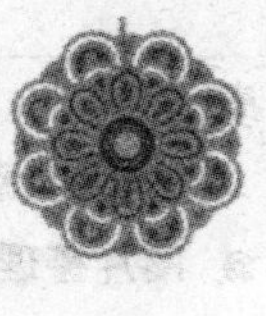

贺兰山岩画总数在万幅左右

岩画是因人的文化行为而产生的古代文化现象之一，它与当地作画时代的历史文物和今天依然生活在那里的民族的文化有密切关系。将岩画与历史文物、民族文物放在一起进行综合研究，常常获得意想不到的收获，不仅有助于探索岩画的外延，而且对全面揭示古代人类社会的精神文化有重要价值。

首先，岩画是当地历史文物的一部分，它与其他文物，尤其是与当地古代的艺术品和美术作品有很多相同之点。就当地的岩画与出土的其他文物放在一起研究，有助于重构当时精神文化的原貌。

其次，岩画的作画传统一直保存于当地

民族的艺术与习俗之中，说明当地民族文化与该地古文化一脉相传，当地民族文化植根于远古文化深厚的土壤之中。

总之，通过岩画与当地历史文化和近现代民族文化的比较，可以知道岩画不是一种孤立的文化现象，它与当地历史文化和民族文化存在千丝万缕的联系。

（一）东北岩画与当地文化的关系

东北农业林区与当地萨满教文化有密切关系。自古繁衍生息在大兴安岭地区的古代居民，很早就信仰这种原始宗教。岩画上的萨满鼓是椭圆形的，并且在椭圆中加一个

《水经注》中对阴山岩画作了详细的记述

“十”字形。在椭圆中加十，或在圆圈中加十，是某些民族对萨满鼓的传统艺术表现手法。北方草原车辆岩画，与河南、陕西等地出土的殷周青铜时代的车，以及夏家店下层文化陶器上的车形陶纹十分相似，都与金文甲骨文的“车”字一样，说明各地出土的车、陶器上的车与岩画上的车存在着内在的联系，也就是说北方草原青铜时代的车，有可能是从中原传入的，或在中原影响下制造出来的。

北方草原岩画中的阴山岩画和乌兰察布草原岩画中的部分画面，与内蒙古出土的鄂尔多斯青铜器动物纹极为相似。在题材内容上，两种动物纹中均有野牲和家畜，早期以

乌兰察布岩画

野牲居多，往后野牲越来越少，家畜越来越多，最后家畜取代了野牲而居主导地位。

（二）内蒙古岩画与当地文化的关系

内蒙古西部巴丹吉林岩画中部分岩画动物、太阳纹，与甘苏辛店类型陶器上的动物纹地域相近，而且在作画民族、时代上也大体相当。

岩画的主题主要有对神灵的崇拜与祭祀，还有反映日常生活的。前者如体现太阳崇拜、山羊图腾崇拜、动物崇拜及舞蹈祭祀的岩画；后者以写实风格的岩画为主，多为一些具有地域特色的动物，如山羊、

巴丹吉林岩画

牦牛、骆驼、梅花鹿、马、狗、狐狸。其中值得一提的是狐狸，这在其他区域的岩画中还没有见到过，这件作品是西夏的岩画——草原牧歌的一个形象。图腾崇拜中内蒙古岩画体现了对羊的崇拜，在人面像中人脸具有羊的某些造型特征，如商周的那件作品，而在甘肃麦积山则是太阳崇拜，为圆形，外有放射的光芒。内蒙古的岩画也有作品体现了对太阳的崇拜，只是不突出。女巫是岩画很普遍的一个主题，她们具有与神灵对话的法力。舞蹈是与神对话的一种仪式，在群体癫狂中表达对神的敬畏。

巴丹吉林沙漠中形似骆驼的奇石

内蒙古岩画

内蒙古包头市固阳县境内，在山势起伏、沟谷深幽的什尔腾山之上曲折蜿蜒盘行着一条犹如巨龙一般的长城，它气势磅礴、雄伟壮观，以块石和条石垒砌，相隔数百米还有烽火台相望，是一道坚固的防御工事。根据《史记》和《汉书》中的记载考证，这就是秦始皇统一六国后派大将蒙恬修筑的，在西汉汉武帝时期又对部分城段进行过修缮的中

国第一座万里长城的一部分。20世纪80年代，又在长城下发现了岩画，为本为军事用途的长城增加了浓厚的文化气氛。

顶石头的山羊岩画

在构成长城的石块中，有一种表面光滑、坚硬的黑色岩石，岩画就主要凿刻于这种石头上。据不完全统计，岩画数目达到一百多幅。这些岩画中图象形态各异，简捷流畅，都刻于长城的内壁大约一人高或正常人蹲着的高度。因其图形没有倾斜或倒置的现象，所以判断这批岩画是长城修筑好以后才刻上去的，也就是说这些岩画的作画年代是在秦和西汉以后的事情，即公元前214年（秦筑长城）或公元年127年（西汉部分修缮长城）以后。

画中形象出现最多的是山羊，据统计，表现山羊的岩画在70幅以上。画中羊的数目从一只到一群不等，其造型各异，且其大多夸张地突出了羊角的形象，而且有简约化、抽象化、图案化的特征。除了有关山羊的岩画之外，还有一部分表现驼鹿、狼、蛇等动物以及人骑骆驼、骑马、骑驴和人们舞蹈等题材的岩画，都具有鲜明的北方游牧民族的特色。所以分析，这些岩画作品中当有部分是鲜卑人和蒙古人所

为。

从这些岩画中可以判断出其主要采取了三种作画手法，其一是以坚利器物敲击作画，以点组成的图形来表现物体；其二是轮廓法，图形主要由敲凿而成的轮廓线构成，中间空白；第三种方法是凿刻法，图形用金属利器凿制而成，凿痕较深。通常认为，使用第一种方法作画的时代要早于以后的两种方法。

内蒙古岩画始于新石器时代，终于明清。包头博物馆的岩画展作品最早的一件是新石器时代的人面像，晚些的作品是隋唐的，商周春秋战国的作品也不少，还有就是西夏时

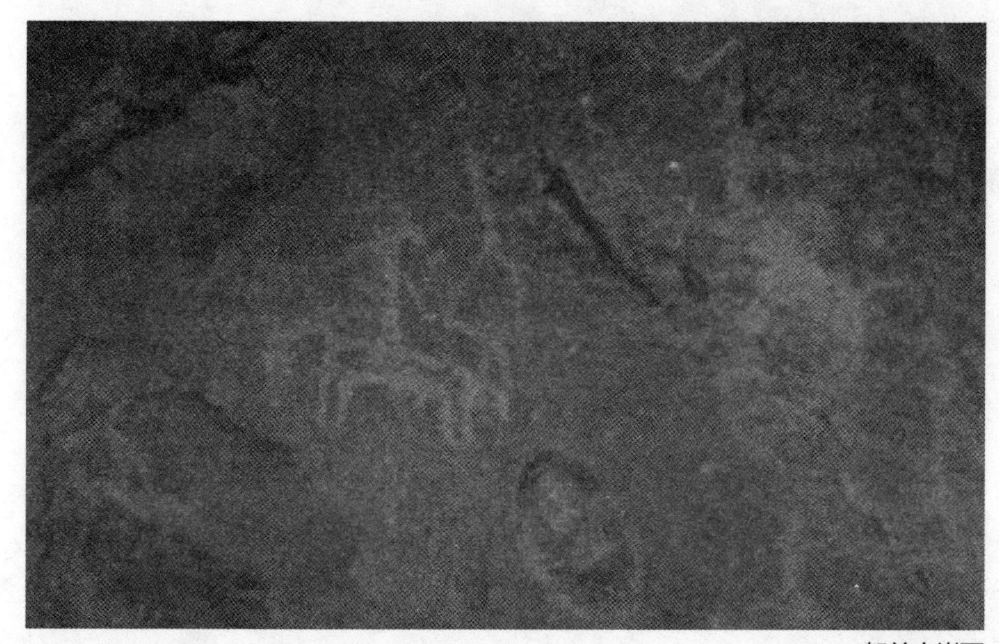

贺兰山岩画

期的作品。我们较多了解的是中原文化，对于西夏文化所知不多，从岩画作品看，有一种刚健质朴的气息，如“草原牧歌”，还有反映与藏区文化交流的岩画古藏文也是很珍贵的作品，可以给民族文化学者与藏传佛教研究者传递一些信息。

（三）宁夏岩画与当地文化的关系

宁夏目前已经发现有贺兰山岩画、灵武二道沟岩画、中卫北山（包括大麦地）岩画、香山岩画、中宁牛首山岩画等五个岩画区，四十二个岩画点，岩画总数约 4.5 万幅。其中贺兰山有二十八个岩画点，岩画总数约 3

万幅，是中国岩画分布密度最大、数量最多的岩画地区。宁夏岩画，尤其是贺兰山岩画在中国乃至世界上的巨大影响和特殊地位是宁夏任何其他文化遗存不可替代的。位在西北宁夏回族自治区的大麦地岩画中，发现图画文字，可能是比甲骨文年代更为久远的原始文字。 大麦地岩画位于宁夏回族自治区中卫市，是中国唯一世界级的“岩画主要地区”，这个岩画带面积约 450 公里，遗存有史前岩画 1 万幅以上，目前中国考古专家已发现两千多个图画文字。 大麦地岩画早期距今约八千至七千年左右，中期距今约四千至一千

贺兰山岩画富有想象力

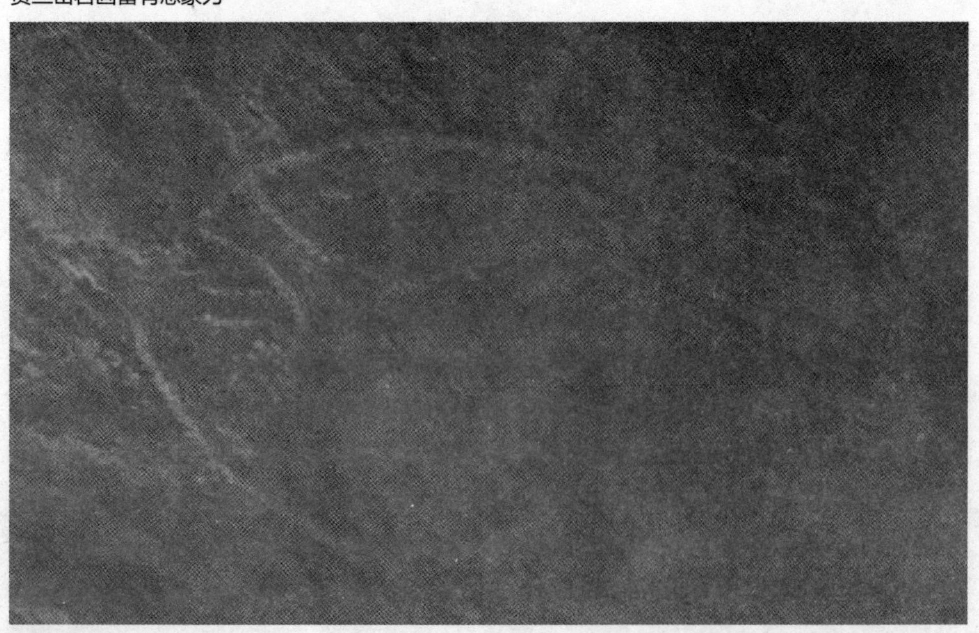

贺兰山彩绘岩画

年，最早的岩画在旧石器时代至新石器时代之间。而甲骨文作为中国最早的一种成熟文字，形成于公元前 17 至 11 世纪间，距今约三千六百多年。很久以来，一直没有找到甲骨文以前的图画文字，而大麦地岩画在时间段上，正好在甲骨文之前。大麦地岩画不一定是汉文字或甲骨文的前身，但可作为甲骨文发展图画阶段的参考形式。大麦地早期岩画有许多象形与抽象符号，在大致同时期的陶文符号和后来的甲骨文中，可以找到相近的形象。更关键的是，这种象形符号在大麦地岩画中并非是偶然和孤立的存在，而

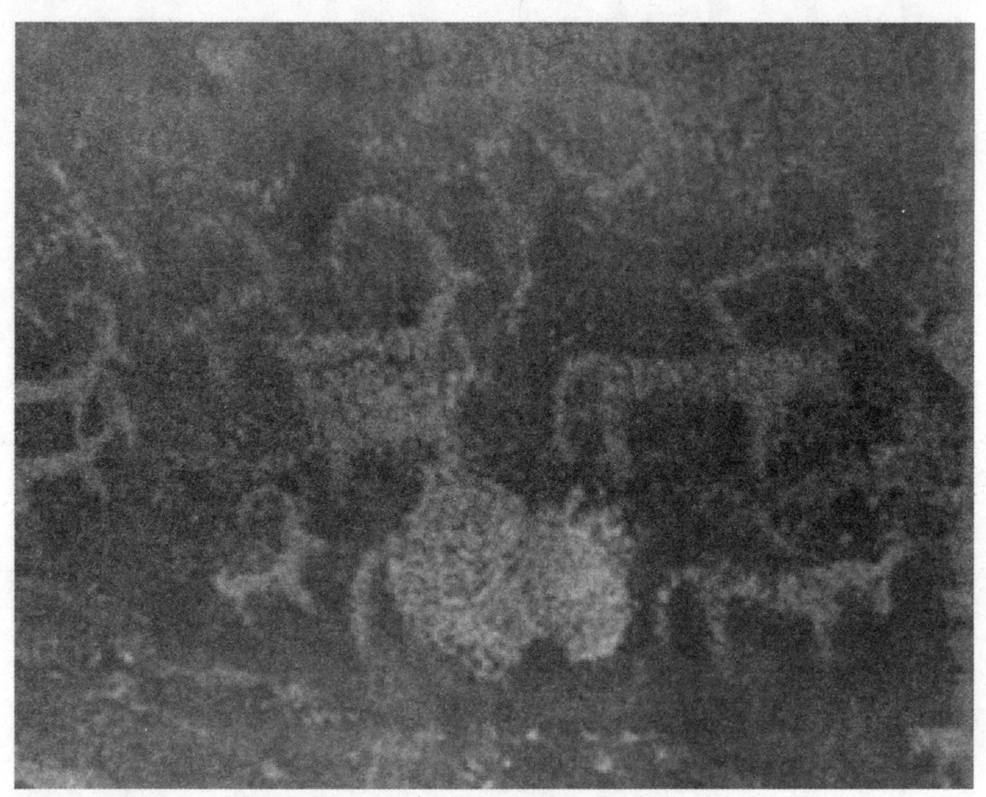

“千里岩画长廊”——阿勒泰洞穴岩画群

是呈星状分布。

（四）新疆岩画与当地文化的关系

新疆是座远古岩画的重要宝库，岩画资源分布之广博、数量之浩繁、题材之丰赡、画面之壮阔，即使今日掌握了先进刻绘技艺的画师们也会为之惊叹。由于太大，谁也没法将它请进博物馆收藏。这使得新疆岩画这部悠远浩博的露天史书，只能永恒地展开在千山万壑的深处。

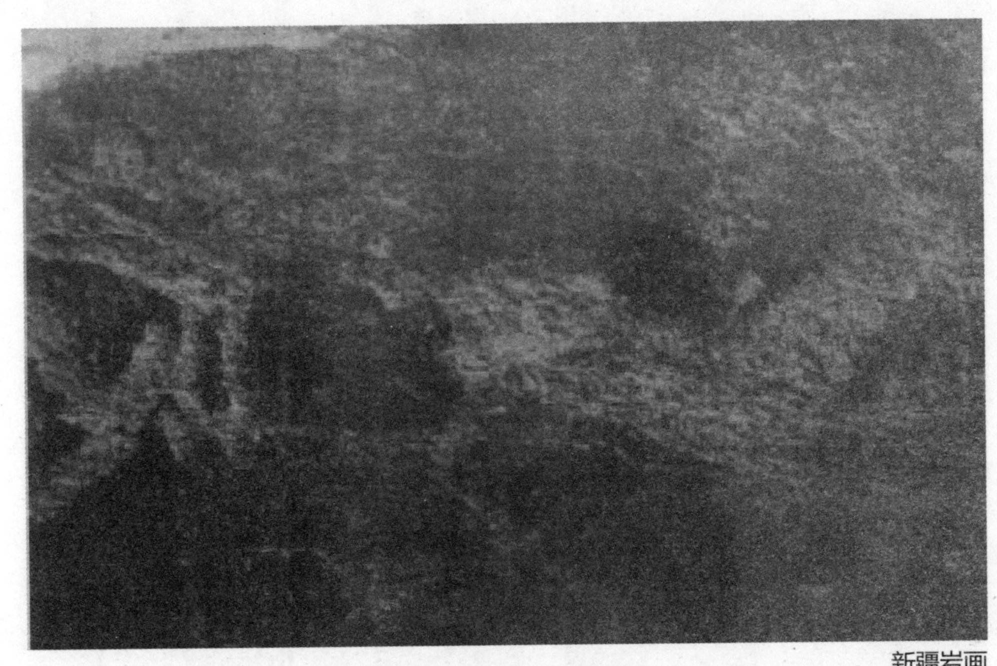

新疆岩画

人们对新疆岩画尤其关注始自20世纪80年代。自此，痴心于岩画研究的专家、学者不畏艰险，年复一年地在大山中跋涉攀登，踏荒搜寻，有的地方还开展了群众性的岩画普查，使发现和研究岩画的工作日就月将。至20世纪90年代末期，全新疆八十多个县市中，有近半数的县市发现岩画数以万计。上面有扬鞭跃马的牧人、悠闲自得的牛羊、惊恐狂奔的野鹿、冉冉而行的骆驼、自由翱翔的山鹰、翩翩起舞的男女和日月星云的图像，还有人所未见的野兽。从呼伦贝尔大草原到阴山、贺兰山、祁连山、阿尔泰山一带，山大林密，水草丰美，

吐鲁番陨石岩画

是游牧民族理想的栖居繁衍之地，乌孙、月氏、匈奴、乌桓、突厥、回纥、契丹等民族都在这座大舞台上，上演过有声有色的历史活剧，创造过灿烂文化。他们中有绘画艺术才能的人们，利用大自然所赐予的阔壁巨岩，诉说着他们的情感、意愿和所经历的种种惊心动魄的往事。就岩画的内容而言，最多的莫过于动物形象，而山羊、绵羊、羚羊、大头羊又是出现频率最多的动物，其数量之和，据说约占岩画图像的八成以上。马、牛、犬、驼、鹿、鹰、狼、狐和野驴也频频出现。即使是征战、祭祀、娱乐等题材的画面，总也少不了单个的、成组的、成群的动物形象。表现狩猎的画面占有较大比重，骑猎、徒手猎、单人行猎、双人合猎和集体围猎，一应俱全。这是“存在决定意识”的表现。一切文化艺术都源于生活，古老岩画的创作也不例外。在那遥远的古代，动物是人们的衣食之源，游牧和狩猎是游牧民众赖以生存和发展的物质基础，它们因此成为岩画书写不尽的题材，并以此构成一幅广阔无垠的社会生活图景。

八、原始岩画对现代艺术的影响

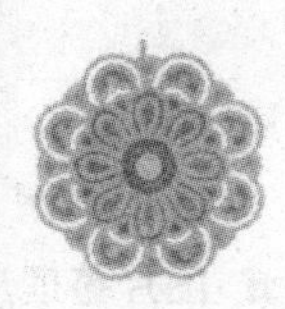

20世纪80年代以来，随着美学热、文化人类学热、西方学术思潮的潮起潮落，原始文化特别是原始艺术引起了文化界的广泛关注。文学寻根，原始、荒蛮、野性、强悍、怪诞、隐喻等文化的原始形态和原始意蕴横扫文坛，最原始的成为最现代的；艺术溯源，野兽派对非洲木雕的重新发现，毕加索、高更、达利创作中的原始艺术因素，立体主义、纯粹主义、构成主义、超现实主义中的原始主义风靡一时，在借鉴模仿原始艺术手段的同时，全面普及了艺术的原始思维和精神。

广西宁明花山崖画

（一）原始岩画的原生性

岩画是人类原始时代自我表达的艺术形式。在原始社会里，由于生产力低下，还没有阶级，在这时期出现的艺术，以其特有的风格富有魅力地反映了人类社会的童年。虽然它们不可避免地带有某种幼稚和粗糙的痕迹，但却表现出一种生动的、朴素的和富于幻想的特色，而且这种特色具有不可为后世任何卓越的艺术品所代替的独特性和独立性。原始初民的任意想象、荒诞感觉等等，在原始岩画艺术中形成了

广西花山巨幅崖画

特殊的思维方式，也就是象征性、神秘感和超越时空的自由联想。这也就形成了原始艺术特有的审美观念。原始岩画带着粗率简朴的整体风貌，具有原始艺术那种雅拙自然，生态盎然的率真美，不像后代艺术那样刻意修饰，而是自然显露出凿刻涂绘的痕迹。崖壁上凿刻的岩画自然不必说，即便磨刻成的，因是在坚硬的石上作业，那些石刻线条，也不可能光洁圆滑，而是粗拙成趣。另一方面，在中国原始岩画遗存中，我们可以清楚地感觉到原始艺术家的创作是一种真诚的全身心的投入，情感的自然激化和率兴表达。原始艺术家绘具、绘材贫乏，表现手法不多，色调较单一，形式也粗糙，然而他们诚如艺术史论家格罗塞在《艺术起源》一书中所说“用有限的工具把它描写得尽其自然”“在他们粗制的图形中可以得到对于生命的真实的成功”，具有“对生命的真实和粗率合于一体”的特征。“对比文明社会的艺术，直率淳朴的原始艺术不禁使人反思。因为在进入文明社会之后，艺术好像走了许多弯路。人类曾在强大物欲的驱使下，将艺术一步一步地变成了商品生产，这就不可避免地使艺术产生异化，不能再像原始艺术创作那样，以极为虔诚的宗教心态将艺术创作当做生命的延续，使艺术作品具有永恒的历史文化价值。”

（二）对原始艺术形式的借鉴

原始艺术和后代文明时期的艺术品一样，人们从中可以观察到相对的稳定性。当某一独特的艺术形式确定以后，它就会

新疆呼图壁雀儿沟康家石门子岩画图案

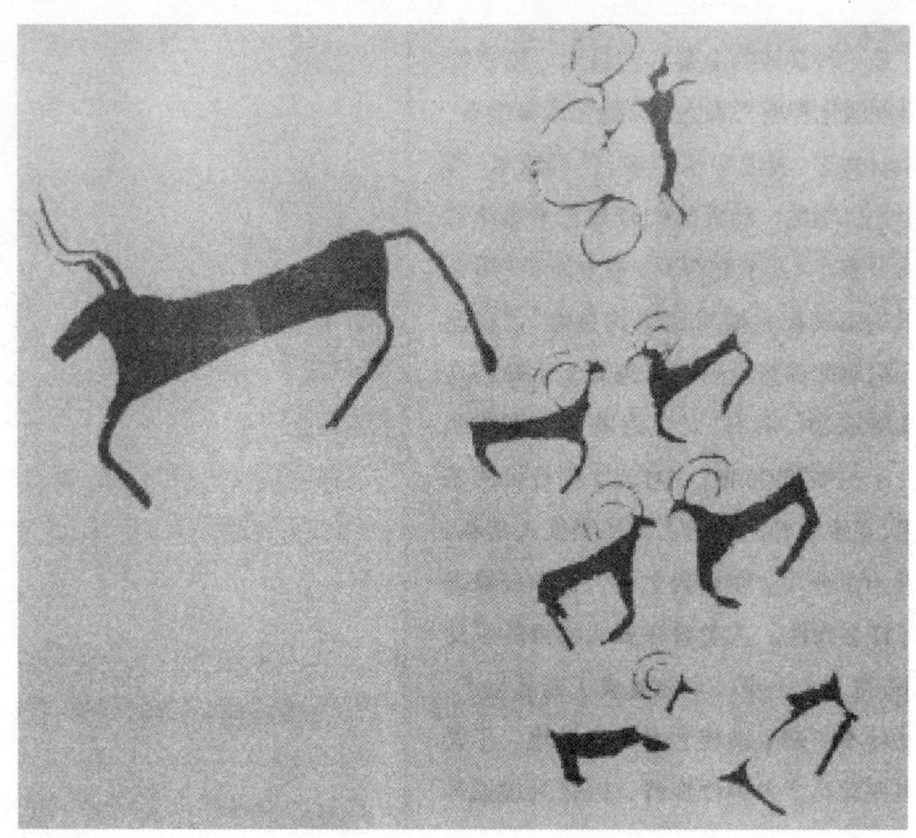

新疆阿尔泰山岩画

对新的艺术活动产生强制性的影响，在这个影响持续了一个长时期以后，艺术的表现就会形成固定的模式。无论是中国古代的青铜器、画像石、画像砖艺术，西方的埃及、希腊绘画……还是现代派艺术，与原始岩画做一比较，便可发现他们之间的艺术特点是相近的，表现原则是一脉相承的。现代派艺术家在扬弃既定的文化传统中反自然的方法并尝试创造新的艺术的时候，发现自己的很多

巨牛岩画

观点和他们远古的祖先不谋而合。这表明所有的艺术在原始中都有它的根，否则它便会走向衰亡。岩画作为人类永远重复着的经验积淀物，永无休止地复现在人类的心理情感上，原始初民们创造的许多图式、符号（如日月星辰、箭头、车辆、鱼、人面的纹饰等），在现代艺术中仍然沿用与演化着，充分显示出它永恒的艺术价值。岩画造型对环境因素的注意和利用，打破了二维平面造型的制约，给岩画注入了空间感，这对艺术造型是非常重要的，现代先锋派艺术家们在创作中发现并张扬了它的意义。美国著名雕塑家路易

西藏岩画

斯·内韦逊就指出:“我觉得在绘画中有更多的神话和神秘事物——因为你必须把一个三维度空间放到二度空间的平面上来。你看着一个平面,你获得了深沉的共鸣——那是一种幻想(如今我们正在放弃绘画空间的幻想,这对我们不合适)。我想通常人们并没有认识到空间的含义。他们认为,空间就是某些空荡荡的东西。实际上,在人们的思维和三度空间的设想中,空间是我们生活中最有生命力的组成部分。你进入一个空间的概念将建立另一个空间。我曾发现一个人步入一个空间,并主宰了空间。空间是一种氛围,你带入空间的东西将带着你的思想和意识的色彩。我们整个身心都处在空间之中，我们就是空间。”岩画画面空间的开放，不仅是与大自然空间的交融，而且开启了人的精神空间，使它成了更富意味的造型。那么，岩画中每一个面的构成，同样受到开放的空间的影响，不独面的造型与自然相协调，同时也渗入了人对自然的神灵化的感受与崇拜精神。

从大量的岩画中可以发现，原始初民大多凭记忆印象作画。这种记忆画法最大的特点是选择性强，与本质表现无关的成分皆被删略，并根据自己的理解，把物体的各个局

西藏加林山动物岩画

西藏摩崖石刻——拉萨聂塘大佛

西藏岩画

西藏色拉寺彩绘岩画

部最富有特征的剪影轮廓在平面上拼接起来。毕加索在《亚威农少女》中就借用了这种方式，把画中女人的脸部不按照人的正常排列构造，而是按鼻正面、鼻侧面、眼裂的圆度……拆开成零件，在平面上一次性地组装。此画也是立体主义绘画开始诞生的标志。精确的复制技法或古典主义规则，不再是唯一属于真理的形象语言，对可视形象的天真变形，对自然光的主观强调，对细节的过分夸张，只要符合一种天真原始本能的“内在需要”，就可以成为画家们所拥有的独特语汇并自成体系。我们从高更对马克萨斯艺术

宁夏岩画

和新西兰的毛利族人的艺术的临摹和发挥，毕加索对非洲黑人雕刻的借鉴，康定斯基对巴伐尼亚及俄国民间艺术的引用，都能看出现代画家对原始艺术形式的浓厚兴趣。

原始岩画的创作动机没有任何抽象的文化目的，在很大程度上是无意识的生命本能的表现，现代派绘画在借鉴原始艺术的过程中也主张反理性而崇本能。通过文化人类学的研究，我们已经知道，支配原始人类最重要的意识是“万物有灵”的原始宗教观念。作为巫术仪式一部分的岩画，原始人类认为它是有魔力的，是与神灵沟通的，因此在岩画制作中他们虔诚地向神灵表达着他们生命

宁夏山羊岩画

宁夏贺兰山岩画

佛教内容是西藏岩画最主要的特色

中最强烈的欲求，抒发着出自本能的激情，可以说岩画就是他们野性的生命力的外化形式。虽然现代派画家不再相信“万物有灵”的观念，但他们对原始艺术的神秘象征意义还是非常向往的。神秘性的根源，存在于人的无意识世界，原始初民的岩画在很大程度上是无意识的本能的表现，现代派画家们也特别强调绘画源自内心深处，在绘画中表现更多的神话故事和神秘事物。在这方面，弗洛伊德的精神分析学给现代派画家提供了理论依据，他的艺术创作使“白日梦”的说法更有直接的鼓动性。基于对绘画的这种理解，现代派绘画在创作论方面的主张也是反理性而崇本能，或者说，现代派画家的创作完全是以原始艺术创作为师的，在创作方法方面的契合不言而喻。

原始岩画表达的情感是一种天性的自然流露，现代派画家追求更多的是一种有意识的探索和冒险，表现出向原始形式回归的倾向。从最古老的岩画到近现代的绘画，人类的绘画艺术经历了一个非常漫长的路程。人类也逐渐发展出一套完善的写实绘画技巧，特别是经过文艺复兴之后，理性化的观物方法及再现技术已臻于完善，凭着这种完美的

内蒙古乌拉特后旗古文字岩画

技术，人们已经能够非常逼真地描摹出眼睛所见到的外部世界。这种“真实”甚至可以达到以假乱真的境界，画家可以画出像照相机摄下的照片那样完全忠实于原物的绘画来，但是这些逼真的描绘已经丧失了绘画原本的情感表达和艺术追求，变成纯粹的形式和技术的再现，失去了绘画的本真趣味。到了19世纪末20世纪初，绘画领域又出现了另一种在形式的追求上看似返祖的现象。在新印象主义、象征主义、表现主义以及后现代的绘画艺术中，我们看到了这些艺术放弃了古典写实主义的金科玉律，而去寻求更加自由和本真的表达方法。我们可以从毕加索、高更、马蒂斯、夏加尔、克莱、

曼德林乌拉岩画

米罗的绘画中，再次看到了原始视觉艺术中那种熟悉的绘画表现手法。所不同的是，岩画作者的创作是出于朴素的心灵、率性而为的态度及他们热切的求生祈望。原始初民没有受到任何艺术理论的规范和束缚，用单纯的心灵直接面对天地万物，感受自然的呼吸与节律，这一切使得他们的绘画表达直露而天真，粗犷而稚拙，是一种天性的自然流露。而现代派画家们的努力却是一种有意识的突破形式的探索，是一种精神力量的独特表达的自觉冒险，但是这些冒险和探索在形式上却有一种向原

西藏岩画

始精神回归的倾向。

在上述原始岩画与现代审美观念的对话中，展现了人类艺术创作在本质上的“同构关系”。一种艺术表达方式一旦深入人的精神意识，便会像潜流一样波及未来。因此，要认识艺术的真谛、反思今天的现况，不妨回到人类的童年时代，将原始艺术的精髓注入现代艺术探索之中，以期萌发出新的生机，这也是我们从原始岩画艺术魅力中获得的启示。古人类留下的那些无言的原始艺术作品中，承载着远古的历史文化，凝聚着人类生存活动的漫长的连续性的篇章，面对这些跨越了历史时空的原始艺术作品，我们完全不

内蒙古手印岩画

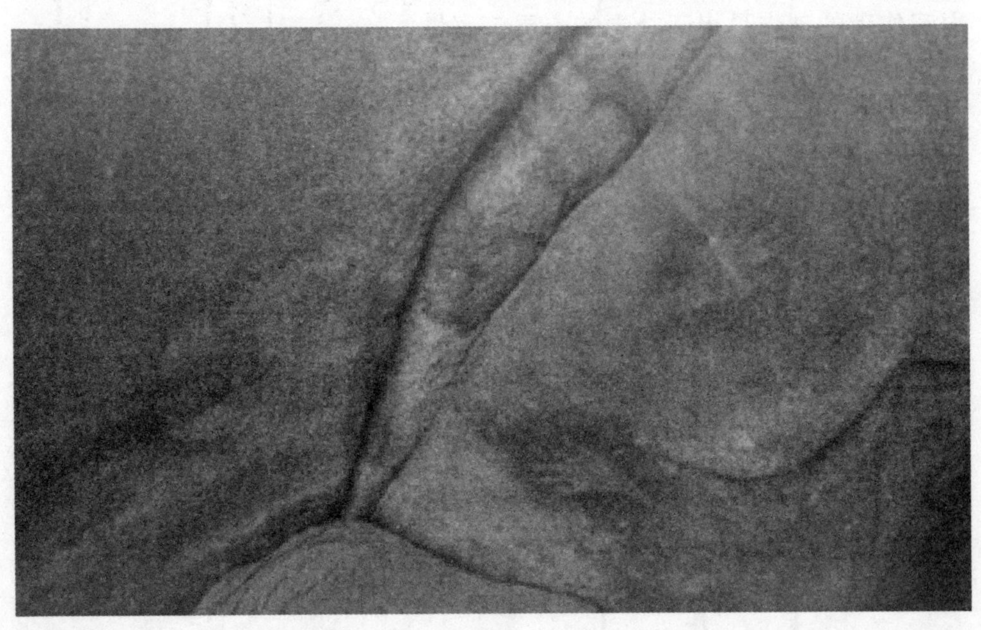

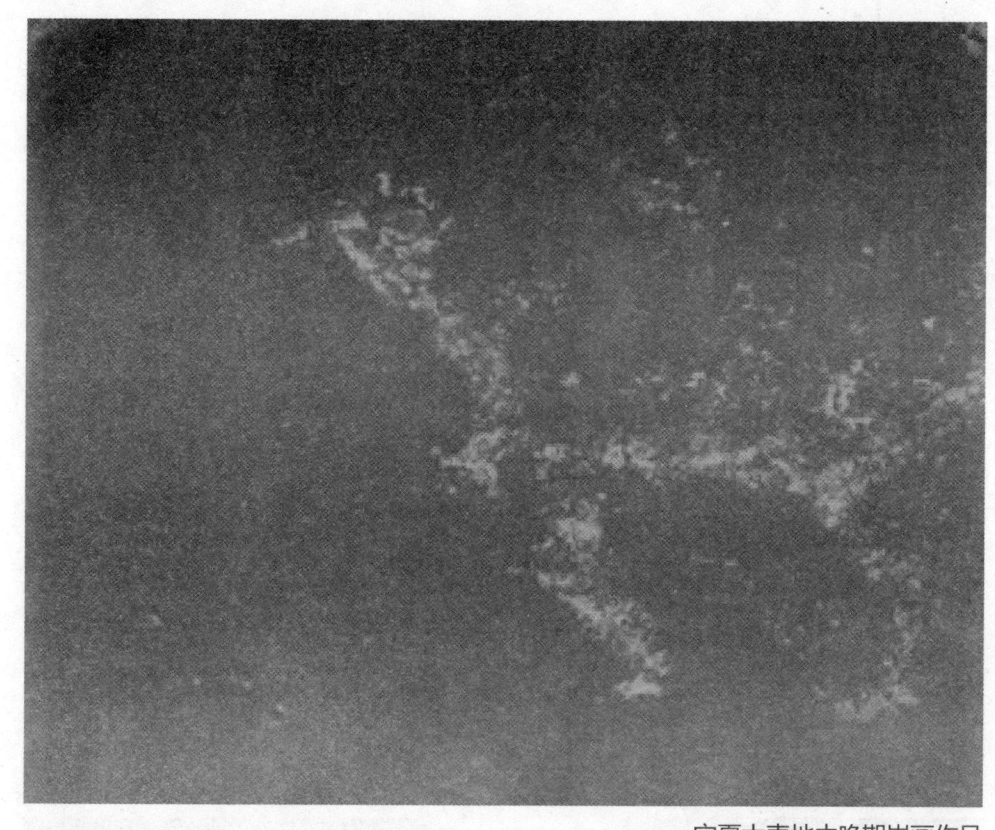

宁夏大麦地中晚期岩画作品

用探求其背后深藏的思想文化内涵，仅凭外观形式就可以使我们得到美的享受，引发出油然而生的宗教式的崇敬之情。正如现代主义大师毕加索在评论阿尔塔米拉洞窟的野牛岩画时说："在我们之中，谁也画不了那么好。"这证明了原始艺术同人类文明社会所产生的各种艺术一样，不仅具有历史价值，更具有超越历史的永恒的审美价值。我们的态度是真正地迈向原始，将原始艺术的精髓展现于我们这个时代，那么现代艺术将会有更深刻的历史感和生命感，它必将为现代艺术的形式建构注入新的生机。

原始人对世界直观而混沌的把握方式决定了其艺术表现的稚拙和神秘。中国原始岩画中简洁的构图、粗放的线条、单纯的色彩、率真的情感，犹如儿童笔下的世界，与当代艺术追求简约、纯粹的趋势不谋而合，在一定程度上满足了现代人在激烈的文明竞争中回归自然天性的心理需求。另一方面，渗透在宗教图式与符号中的神秘气质得益于初民天马行空的想象力和丰富的生命情感，这种

将军崖岩画

阴山岩画

情感的自由张扬也开阔了审美感受的新境界。

岩画在远山深壑留下的历史痕迹，有它独特的艺术形式和丰富的内容。正如英国美学家李斯托威尔在《近代美学史评述》中所说："原始社会的艺术活动，像它们的宗教生活与信仰一样，总的说来，是一种社会的或集体的功能，而不是个人的功能。它是全体成年的成员共同劳动的成果，是整个社会

包头博物馆收藏的岩画

共同举行巫术仪式的成果，是整个部落共同举行的军事训练和战斗活动的成果——原始艺术，毫无例外，是属于氏族的。”可见，象征物的含义在这里完全成了“集体无意识”，反映的是原始人类特定群体的生活状态。

总之，原始象征性的岩画艺术，虽然初看稚拙、粗野，形象简单、奇异，然而它在象征性思维的表现中充满了神奇的智慧，有着诱人的艺术魅力。因此，我们在理解原始岩画时，不能完全用理性的思维去解释和分析，可以以一种象征性的思维方式去体验和欣赏它。